# SANANDO CORAZONES ROTOS

Cómo Curar un Corazón que ha Sido Hecho
Mil Pedazos y Seguir con tu Vida Después de
Momentos Difíciles

## FLETCHER FLOYD

# Índice

Introducción     vii

1. Cómo se abandonan los corazones rotos     1
2. Perder a los mejores amigos y compañeros de
   toda la vida     19
3. Cuando los corazones se rompen, los
   cerebros y los cuerpos también se rompen     35
4. Cuatro estilos de apego en el amor     43
5. La comunicación en las relaciones     57
6. Los muchos errores que nos hacen retroceder     69
7. Comunicación con claridad cuando todo se
   pone difícil     79
8. Relación tóxica / cuando es el momento de
   dejar una relación     103
9. Por qué idealizamos a la persona que nos
   rompió el corazón y por qué no deberíamos
   hacerlo     137
   Epílogo     165

# Introducción

Independientemente de si están solteros o en una relación, muchas personas aceptan que nunca serán felices en el amor. Se sienten desatendidos y necesitan amistad, no sólo un amigo con el que sentarse cerca en el cine, sino un amigo, un socio y un cariño que les acompañe en esa experiencia tan importante que llamamos vida. Frecuentemente temen que sus parejas se alejen una vez que se familiaricen con "el auténtico yo". A veces, sienten que sus parejas ven con buenos ojos las cosas que hacen. Sin embargo, esto no es suficiente. Existe la preocupación siempre presente de si alguien estará realmente a su lado si buscan a esa persona para que les ayude, les consuele y les dé ánimos. Si te identificas con alguna de estas batallas, este libro es el adecuado para ti.

Este libro le ayudará a entender los diferentes estilos de apego y a reconocer cómo el apego evitativo afecta a su relación.

Como ocurre con casi todo lo demás en la vida cotidiana, las relaciones de apego se descubren a través de la comprensión. Además, dado que tu primera relación genuina comenzó cuando eras un bebé con tus tutores, ése es el lugar donde empezaste a descubrir las relaciones. Me doy cuenta de que es uno de los adagios de la ciencia del cerebro, pero al mismo tiempo es real. Tus primeros ejercicios sobre lo accesibles y sustentadores que serán los demás en el momento en que los necesites, y sobre lo adorable que eres tú mismo, dependieron del brillo, el reconocimiento y el consuelo que te ofrecieron tus padres u otras personas que te criaron. Durante los primeros meses y largos tramos de tu vida, construiste un estilo específico de asociarte con -y conectar con- otras personas.

Entienda que la ansiedad relacionada con el apego no tiene por qué ser consecuencia de una crianza claramente perjudicial o destructiva; de hecho, con frecuencia no lo es. Varias personas con ansiedad relacionada con el apego provienen de hogares amorosos. Sorprendentemente, las propias batallas, condiciones difíciles u horrendas de sus padres se entrometieron en su capacidad de crianza, a pesar de que amaban genuinamente a sus hijos.

Un componente importante para apoyar el autoconocimiento es crear más atención plena. Esto incluye el control de los pensamientos, el reconocimiento y el encuentro deliberado con los sentimientos y la comprensión de lo que es más importante para uno mismo. Esto puede ser difícil, especialmente cuando te enfrentas a partes desagradables o conflictivas de ti mismo.

Sin embargo, te proporcionan un agradecimiento superior por tus batallas. Esta atención plena, la mayoría de las veces ayuda a los individuos con un sentimiento más notable de prosperidad y, sin la ayuda de nadie más, regularmente fomenta el cambio, por ejemplo, la disminución de la ansiedad relacionada con el apego, así como el mantenimiento de relaciones más beneficiosas.

Si bien el objetivo principal de este libro es permitirle comprender lo que puede hacer para descubrir la alegría en un vínculo estrecho, los pensamientos que presentaré pueden igualmente ayudarle a comprender mejor a su pareja.

En algunos casos, una ventana a la realidad de tu pareja te ayuda a identificarte con esa persona de forma más piadosa, lo que puede ayudarte a cultivar una relación más beneficiosa.

# Cómo se abandonan los
## corazones rotos

En mis años de psicólogo clínico he trabajado con cientos de personas con el corazón roto por el amor o la pérdida. Cualquiera que haya experimentado un corazón roto (y eso es la mayoría de nosotros) probablemente recuerde bien la sensación: el shock, la niebla de irrealidad que nos hace sentir como si tuviéramos que estar en un universo alternativo, y lo desconectados que nos sentimos cuando vemos a los que nos rodean seguir con sus vidas como si nada hubiera pasado, ajenos al terremoto de devastación emocional que ha destrozado nuestro mundo.

Pero, con mucho, el aspecto más pronunciado del desamor es el dolor emocional paralizante que provoca. De hecho, nuestra comprensión de lo que significa tener un corazón roto está tan estrechamente ligada a la increíble angustia que provoca, que ambos son prácticamente sinónimos.

. . .

En muchos sentidos deberían serlo, ya que la historia del desamor es una historia de dolor emocional, de nuestras respuestas a ese dolor y de nuestros esfuerzos por recuperarnos de él.

Cuando el corazón de un paciente se rompe, mi corazón siempre duele junto al suyo. La formación y los mecanismos de defensa que suelen protegerme en mi trabajo diario suelen fallar ante una agonía emocional tan cruda. Quizás permito que mis defensas fallen: es mi forma de hacer saber a la persona afligida que tengo delante que veo su dolor, que lo siento. Porque, desgraciadamente, muchas personas en su vida no lo hacen.

Nuestro viaje a través del desamor está determinado por múltiples variables: la naturaleza específica de la relación o la pérdida, nuestro carácter fundamental y estilos de afrontamiento, nuestras historias individuales y familiares, el contexto actual de nuestras vidas y cómo gestionamos o mal gestionamos nuestra recuperación. La última variable crucial que influye en nuestra recuperación es también la que tiene más probabilidades de decepcionarnos: nuestros sistemas de apoyo disponibles: amigos y familia, comunidades, escuelas y lugares de trabajo.

## Cómo fallan los sistemas de apoyo a los desconsolados

· · ·

Los sistemas de apoyo suelen desempeñar un papel fundamental en la recuperación de una pérdida. Pensemos en lo que ocurre cuando perdemos a un familiar de primer grado. El flujo de preocupación que nos rodea nos proporciona validación emocional, asegurándonos que el dolor emocional que sentimos es una respuesta normativa y razonable a nuestra pérdida. Los amigos y la familia ofrecen compasión y empatía, así como hombros literales y metafóricos sobre los que llorar. Los vecinos y los miembros de la comunidad nos traen comida y nos animan a comer si estamos demasiado angustiados como para registrar el hambre. Nuestros lugares de trabajo nos ofrecen tiempo libre para hacer el duelo y recibir el apoyo que necesitamos, y muchos ofrecen también servicios de asesoramiento para ayudarnos a recuperarnos.

Sin embargo, cuando nuestra angustia está causada por una ruptura amorosa o por la pérdida de una mascota querida - que no se consideran formas sancionadas de duelo- es probable que nuestros sistemas de apoyo respondan de manera muy diferente. Como veremos, esta falta de apoyo nos afecta de manera significativa. No sólo se nos priva de un ingrediente curativo esencial, sino que a menudo nos enfrentamos a tensiones adicionales que agravan nuestro sufrimiento, aumentan nuestra angustia emocional y complican nuestra recuperación.

· · ·

Lo que hace que esta falta de apoyo sea aún más impactante es que no tenemos precisamente un carcaj lleno de flechas terapéuticas para desplegar cuando nuestro corazón está roto. Llevamos milenios experimentando corazones rotos y, sin embargo, la mayoría de nosotros sólo conocemos dos agentes curativos: el apoyo social y el tiempo.

La pérdida del primero nos deja como único remedio el tiempo, una variable sobre la que no tenemos ningún control, y por eso el desamor nos hace sentir a menudo tan impotentes. Por eso también somos tan pocos los que buscamos el consejo de un terapeuta cuando nos rompen el corazón. Suponemos que lo único importante que puede ofrecer un terapeuta en estas situaciones es el apoyo, y la mayoría de nosotros esperamos recibirlo de nuestros amigos y seres queridos, al menos al principio.

Por lo tanto, no debería sorprender que la gran mayoría de mis pacientes con el corazón roto vinieran a terapia para hablar de otros temas completamente (las citas y las relaciones a menudo entre ellos) y que su corazón se rompiera durante el tratamiento. Los pacientes que conoceremos en los próximos capítulos representan una variedad de desamores y circunstancias. Sus historias reflejan las distintas formas en que nos vemos afectados cuando se nos rompe el corazón, los errores que cometemos y que nos hacen retroceder, el papel que desempeñan nuestras redes de apoyo y los distintos caminos que podemos tomar para recuperarnos.

El desamor ya es bastante doloroso cuando hay señales de su inminente llegada, cuando nos llega lentamente. Pero cuando nos asalta de forma repentina e inesperada, puede ser tan impactante como devastador. Por eso, cuando veo que el desamor se acerca a kilómetros de distancia, siempre hago sonar una advertencia. Algunos de mis pacientes hacen caso a estas advertencias, pero muchos no. Tal es el atractivo de la esperanza y la necesidad cuando el enamoramiento se burla de nuestro corazón con la promesa de un amor más profundo. Y, de vez en cuando, el desengaño amoroso que afecta a mis pacientes me sorprende tanto como a ellos.

Carla tenía veintitantos años cuando empezó a recibir psicoterapia por problemas que no tenían nada que ver con el desamor. Criada en una pequeña ciudad del Medio Oeste, se había trasladado a Nueva York para cursar estudios de posgrado, se enamoró de la ciudad y decidió quedarse. Como excelente estudiante, no tuvo problemas para conseguir un puesto en una empresa en cuanto se graduó. Cuando me reuní con Carla para nuestra primera sesión, estaba bien arreglada y vestida con un traje de pantalón y tacones. Con un aplomo y una confianza que coincidían con su firme apretón de manos, se sentó en el sofá, con las piernas cruzadas y las manos sobre el regazo, sin mostrar ningún signo de nerviosismo por tener que contarle a un completo desconocido la historia de su vida, o lo más destacado de ella.

Todavía me estaba acomodando en mi asiento cuando ella sonrió y dijo con una voz rica y suave: "¿Te digo por qué estoy aquí?". El lenguaje corporal de Carla transmitía paciencia y autocontrol, pero estaba claramente deseosa de ir al grano.

"Por favor, hazlo", dije con una sonrisa.

Carla respiró hondo y comenzó: "Yo era esa chica que planifica toda su vida en la escuela secundaria, con álbum de recortes de boda y todo". Fue marcando los pasos con los dedos. "Iba a ir a la universidad, luego a la escuela de posgrado, conseguía un buen trabajo y empezaba a salir con mi futuro marido a los veintisiete o veintiocho años como máximo. Nos iríamos a vivir juntos al cabo de un año, nos comprometeríamos un año después y nos casaríamos antes de los treinta". La evidente angustia en el rostro de Carla me decía que su vida no había salido como había planeado.

"Hice la universidad, terminé el posgrado y conseguí un buen trabajo", continuó. "Pero cuando llegó el momento de encontrar a mi futuro marido, lo que encontré en su lugar fue un bulto en el pecho".

Dada su juventud y su excelente estado de salud general, los médicos de Carla le sugirieron que se sometiera a la quimioterapia más fuerte posible y Carla aceptó.

"Me dijeron que los efectos secundarios serían malos", continuó Carla, "y lo fueron. Podía soportar la caída del cabello, las terribles náuseas, las llagas en la boca, pero tenía un intenso dolor de nervios por todo el cuerpo". Carla se estremeció al recordarlo. "Era insoportable". Tomó aire y se recompuso antes de continuar. "Mis amigos y mi familia fueron increíbles. Me ayudaron a superarlo".

Afortunadamente, la quimioterapia de Carla tuvo éxito. Ansiosa por volver a su plan de vida, dirigió sus esfuerzos a recuperarse. Comía alimentos saludables y hacía todo el ejercicio que le permitía su resistencia. Su cuerpo recuperó poco a poco la fuerza, le volvió a crecer el pelo y finalmente se sintió preparada para aventurarse de nuevo en el mundo de las citas. En el transcurso de su tratamiento y recuperación, muchas de las amigas de Carla se habían comprometido y ella se encontraba asistiendo a despedidas de soltera o a bodas casi todos los meses. Cansada de asistir sola a ellas, decidió pasar a la acción.

· · ·

"Envié a mis amigos un mensaje de grupo con dos palabras: *¡Estoy lista!* ", dice Carla, sonriendo. "A los pocos días tenía citas a ciegas que me llegaban de todas partes. Me sorprendí a mí misma caminando por ahí tarareando 'It 's raining men'. Mi vida por fin volvía a estar en marcha. Me sentía feliz por primera vez en casi dos años".

Carla suspiró con fuerza y sus ojos se llenaron de lágrimas.

"Y luego, el mes pasado me encontré un bulto en el otro pecho". Se secó los ojos mientras se le caían las lágrimas. "Por eso estoy aquí. La idea de tener que hacerlo todo de nuevo es simplemente... horrible... Voy a necesitar ayuda para superarlo".

Carla ya había soportado más que la mayoría y ahora tendría que soportar aún más. Que alguien tan joven tuviera que pasar por tanto parecía realmente injusto. Lo que me animó fue la increíble fuerza emocional de Carla. A pesar de enfrentarse a su segunda batalla contra el cáncer en dos años, no había perdido la esperanza ni había dejado de luchar. De hecho, su respuesta fue sabia y psicológicamente saludable: se puso en contacto con un terapeuta para reforzar su sistema de apoyo en previsión de la lucha que le esperaba.

Durante el año siguiente, fui testigo de cómo Carla luchaba contra el cáncer con determinación, dignidad y fuerza. Los efectos secundarios de la segunda quimioterapia fueron tan difíciles como los de la primera, pero nunca se planteó dejar el tratamiento. Se limitó a poner la vista en el objetivo de la remisión y nunca vaciló.

Me encantó saber que la determinación de Carla había vuelto a dar sus frutos, ya que su segundo tratamiento también fue eficaz y volvió a estar en remisión.

Esta vez su cuerpo tardó más tiempo en recuperarse, pero finalmente se fortaleció, su pelo volvió a crecer, sus cicatrices se curaron y llegó de nuevo el día en que envió un mensaje de *¡estoy lista!* a su maravilloso círculo de amigos que la apoyaban.

"Y empezó a 'llover hombres' de nuevo", dijo Carla en nuestra sesión. "¡Aleluya!" respondí, citando la siguiente línea de la canción.

Unos meses más tarde, Carla conoció a Rich, un analista de bolsa de unos 30 años, y se enamoró. Rich parecía ser exactamente el tipo de hombre que Carla necesitaba: gentil, considerado y afirmativo. La complementaba, besaba sus cicatrices y le hacía saber lo atraído que se sentía por ella, y la llevaba a restaurantes románticos y a escapadas espontáneas de fin de semana a la playa. Carla nunca había sido tan feliz.

Seis meses después de empezar a salir, Carla entró en mi despacho radiante. "¡Buenas noticias!"

Intenté ocultar mi emoción. Rich acababa de llevar a Carla a un romántico bed and breakfast en Nueva Inglaterra. Era otoño y el follaje estaba en su punto álgido; era el momento y el lugar perfectos para una proposición de matrimonio.

"¿Sí?" Pregunté con la mayor naturalidad posible.

Carla respiró hondo y anunció: "¡He empezado una página de Pinterest!". "¡Eso es... genial!" dije, forzando una sonrisa.

"¡Oh! Pensaste... pero en realidad ese es el punto. Todavía no me lo ha pedido, pero después del gran fin de semana que hemos pasado, parece que lo hará en cualquier momento. Así que fui a casa de mis padres y cogí mi viejo álbum de recortes de la boda. Lo escaneé y empecé una página de boda en Pinterest".

Esta vez mi sonrisa fue auténtica.

. . .

Dos semanas más tarde, Rich invitó nerviosamente a Carla a cenar en su lugar favorito, un tranquilo y romántico restaurante con cabinas privadas y poca luz.

Después de que llegaran sus bebidas, él le tomó la mano y rompió con ella.

Rich le explicó que, aunque Carla le importaba muchísimo y le encantaba pasar tiempo con ella, sus sentimientos no habían progresado como los de ella.

Como estaba seguro de que ella no era "la elegida", pensó que era justo hacérselo saber.

Carla estaba destrozada. Una vez más, sus amigos y su familia se unieron a ella en su momento de necesidad. Y su necesidad era grande. Pensé que había visto a Carla en su momento más abatido, pero su angustia era profunda. Lloró durante semanas, apenas funcionaba en el trabajo y pasaba horas sentada en la oscuridad, paralizada por el dolor emocional. A menudo faltaba a las sesiones y, a pesar de mi insistencia, era incapaz de ir a terapia más de una vez al mes.

. . .

La ruptura era lo único de lo que Carla podía hablar, tanto conmigo como con sus amigos. Pero mientras mis sesiones con ella eran escasas, las amigas de Carla acumulaban innumerables horas de apoyo, consuelo y consejo. Después de varios meses, empezaron a mostrar signos de impaciencia ante la incapacidad de Carla para seguir adelante. Cuando vi a Carla un mes después, su impaciencia se había convertido en una evidente frustración.

Aunque me entristeció escuchar que sus amigos habían perdido la paciencia, no me sorprendió. Había visto que esto ocurría en innumerables ocasiones. Cuando nos rompen el corazón, lo que determina la compasión de los demás no es el dolor emocional que *realmente* sentimos, sino el que creen que *deberíamos* sentir.

Carla había superado el estatuto tácito de sus amigos para el duelo de la relación y su empatía y apoyo se estaban evaporando rápidamente como resultado. En su lugar, Carla se encontró con impaciencia, irritabilidad e incluso resentimiento.

Antes de juzgar a los amigos de Carla con demasiada dureza, es importante tener en cuenta que muchos de nosotros probablemente hemos sido culpables de juicios similares cuando los corazones rotos de nuestros amigos o seres queridos han tardado en curarse más de lo que nuestras normas subjetivas permitían, tanto si expresamos nuestra impaciencia con ellos como si no. Estar cerca de alguien a quien queremos cuando sufre un dolor agudo de cualquier tipo es una experiencia fundamentalmente angustiosa. Para poder ofrecerles apoyo y compasión, primero tenemos que contener esos sentimientos desagradables en nuestro interior (o estaremos demasiado preocupados por nuestras propias reacciones emocionales como para centrarnos en las suyas).

Lo hacemos con la suposición tácita de que los esfuerzos necesarios para tolerar nuestra propia angustia con el fin de estar ahí para ellos se verán recompensados por los esfuerzos proporcionales de su parte para sanar y seguir adelante.

Cuando vemos que su recuperación se estanca, asumimos (inconscientemente) que no han cumplido su parte del trato y, por tanto, nos sentimos menos obligados a cumplir la nuestra. Así, nuestra empatía se desvanece y el resentimiento asoma la cabeza.

Por desgracia, nuestros amigos y seres queridos no son las únicas personas que pueden perder la paciencia y la compasión cuando nuestra recuperación se estanca. Uno de los efectos perjudiciales de la pérdida de apoyo social es que a menudo interiorizamos la impaciencia de quienes nos rodean y perdemos también la autocompasión. Entonces nos encontramos con el doble golpe de una reducción masiva del apoyo social y un aumento masivo de la autocrítica.

. . .

"Mis amigos tienen razón", suspiró Carla en esa misma sesión. "Debería haber seguido adelante hace meses, pero no puedo, no sin saber por qué ha pasado esto. Todavía le quiero. Todavía le echo de menos. Ojalá no lo hiciera... ¡pero lo hago!".

Carla había pasado por dos tratamientos de cáncer extremadamente duros y nunca perdió la esperanza ni la motivación. De hecho, había hecho gala de una increíble fortaleza emocional a lo largo de los cuatro años de su calvario médico. Pero algo le impedía hacer acopio de su considerable fuerza y determinación internas para curar su corazón roto. Y ahora, tras perder el apoyo de sus amigos, me preocupaba que su recuperación se estancara por completo.

Una cosa que dijo Carla me hizo sentir curiosidad: "no sin saber por qué pasó esto". Al fin y al cabo, Rich había explicado sus razones para romper: a ella le importaba mucho, pero simplemente no estaba enamorado. Al parecer, Carla había rechazado su explicación (a pesar de lo razonable que era), se había convencido de que había algo que él no le estaba contando y se había obsesionado con averiguar qué era. Le pregunté si había hablado de este tema con sus amigos.

. . .

"Eso es prácticamente todo lo que discuto con ellos", respondió.

Ahora empezaba a entender por qué sus amigos habían perdido la paciencia. Crear misterios y conspiraciones donde no los hay es una respuesta común a las rupturas amorosas. Nuestra mente asume inconscientemente que si el dolor emocional que sentimos es tan dramático, debe tener una causa igualmente dramática, incluso cuando no es así.

Sus amigos probablemente tomaron la explicación de Rich al pie de la letra y, por lo tanto, percibieron la insistencia de Carla en encontrar explicaciones alternativas como una búsqueda innecesaria. En otras palabras, probablemente sintieron que al rechazar las razones de Rich para la ruptura y buscar explicaciones alternativas, ella se impedía a sí misma seguir adelante, y fue eso lo que les hizo perder la empatía y la compasión.

De hecho, uno de los mayores errores que solemos cometer cuando nos rompen el corazón es sobrecargar nuestros sistemas de apoyo expresando en voz alta todas nuestras cavilaciones internas sobre lo que salió mal. Es comprensible que lo hagamos en el momento inicial de la ruptura. Pero cuando seguimos repitiendo las mismas preguntas una y otra vez durante semanas y meses: "¿Por qué no fui lo suficientemente bueno?" "¿Qué salió mal?" "¿Por qué me mintieron?" "¿Por qué dejaron de quererme?" -Sin llegar a nuevas conclusiones y sin reconocer las que ya se han alcanzado, incluso nuestros más firmes defensores pueden sentirse frustrados.

Por lo tanto, a pesar de lo mucho que nos pueda doler, tenemos que vigilar si estamos sobrecargando nuestros sistemas de apoyo y hacer esfuerzos para proporcionar "descansos" a los que hacen la mayor parte del apoyo emocional. Para que quede claro, no estoy defendiendo que renunciemos a la validación emocional y a la compasión que aún necesitamos. Como le expliqué a Carla cuando me contó que sus amigos habían perdido la compasión, "puedes seguir recibiendo su apoyo, pero de una forma diferente. Al fin y al cabo, todavía te quieren y se preocupan por ti, aunque su paciencia parezca escasa en este momento. Estoy segura de que si hablas de otras cosas durante un rato, seguirán sabiendo que estás sufriendo y te demostrarán su cariño con un abrazo, una mirada o un apretón de manos.

Sólo tienes que estar abierto a aceptar su apoyo en las formas en que actualmente pueden darlo".

Como veremos más adelante, Carla escuchó mis preocupaciones y las comprendió, e incluso hizo cambios que permitieron que las tensiones con sus amigos se aliviaran. Sin embargo, seguía sin aceptar la explicación de Rich sobre la ruptura y seguía sintiendo un poderoso impulso por desentrañar sus "verdaderas" razones. Todavía con el corazón roto y sintiéndose más sola que antes, echaba mucho de menos el apoyo inequívoco que le habían proporcionado sus amigos. Nuestras redes de apoyo desempeñan un papel importante en la recuperación de un corazón roto.

Por ello, su ausencia puede ser igual de perjudicial cuando nuestro desamor se debe a la muerte de una mascota querida.

## 2

## Perder a los mejores amigos y compañeros de toda la vida

BEN ERA un escritor de una gran empresa que vino a verme a los cuarenta años, después de que sus padres murieran con seis meses de diferencia. Ben se había divorciado al final de la treintena, no tenía hijos y un número limitado de amigos. Sus padres eran la única familia que le quedaba a Ben y tuvo dificultades tras su muerte. Tenía dificultades para terminar las tareas a tiempo y sentía que caía en una depresión. Un director de recursos humanos de su empresa intervino y sugirió a Ben que considerara la posibilidad de recibir psicoterapia. Poco después vino a verme.

Trabajé con Ben durante unos meses. Se tomó la terapia en serio y fue capaz de superar las etapas más duras del proceso de duelo y llegar a un lugar mejor emocionalmente. Fue en ese momento cuando decidió tomar un descanso de la terapia. Dado que tanto su estado de ánimo como su funcionamiento en el trabajo habían mejorado, apoyé su decisión.

. . .

Ben prometió estar en contacto si sentía la necesidad y le aseguré que podía ponerse en contacto conmigo cuando quisiera.

Pasaron siete años. Entonces, una brillante mañana de primavera, recibí un correo electrónico de él:

*Necesito verte de nuevo pero vas a pensar que es una tontería porque se trata de Bruno. Sé que es ridículo ir a terapia para hablar de un perro pero está muy enfermo y necesito hablar de ello.*

*Sé que suena estúpido y me da vergüenza pedirlo pero por favor, dime si está bien pedir una cita lo antes posible.*

Mi corazón se estrechó al leer las palabras de Ben. Me acordaba bien de él y de Bruno. Ben trabajaba desde casa y estaba solo en su apartamento todo el día, así que había decidido tener un perro de compañía poco después de su divorcio. Adoptó un cachorro rescatado al que llamó Bruno, una adorable mezcla de labrador y golden retriever. Bruno fue el primer perro de Ben y estuvo totalmente enamorado de él desde el primer día. Dedicó horas a jugar con su nuevo cachorro y a entrenarlo para que hiciera trucos sencillos. Lo paseaba con orgullo por el barrio y Bruno, que era un jamón incluso para los estándares caninos, acumulaba fans y admiradores por todas partes. Incluso la gente que conocía a

Ben anteriormente empezó a referirse a él como "el padre de Bruno".

Cuando los padres de Ben enfermaron por primera vez, Ben se llevaba a Bruno siempre que los visitaba, sólo para poder tenerlo con él en el viaje de ida y vuelta. Cuando fueron hospitalizados, pidió a sus vecinos que cuidaran de Bruno mientras él pasaba horas junto a su cama. Ben también recibió el apoyo de su jefe, que fue considerado y comprensivo. Le concedió tiempo libre para cuidar de sus padres a medida que su estado empeoraba y para llorar su muerte.

Me gustaría pensar que la terapia fue el ingrediente vital que ayudó a Ben a superar la muerte de sus padres, pero no fue así. Lo que realmente le hizo seguir adelante durante ese periodo oscuro fue Bruno.

"Duerme conmigo en la cama por la noche", me dijo Ben en nuestra primera sesión. "Se sienta a mi lado cuando trabajo. Ayer, estaba viendo la televisión y pensando en mi padre, y creo que me puse a llorar. No me di cuenta de que tenía lágrimas en la mejilla hasta que Bruno se acercó y empezó a lamerme la mano. Juro que se da cuenta cuando estoy triste. Es el perro más increíble".

· · ·

Bruno lo era. Ben lo traía a menudo a nuestras sesiones, donde se tumbaba a los pies del sofá, con la cabeza apoyada en el pie de Ben. Cuando Ben lloraba, Bruno se sentaba y le lamía la mano o apoyaba la cabeza en la rodilla de Ben. El vínculo entre ellos era poderoso e innegable.

Con el deterioro de la salud de Bruno, sólo podía imaginar lo angustiado que debía estar Ben. Me reuní con Ben al día siguiente. Vino solo. Con casi quince años, Bruno era sordo y casi totalmente ciego, y a menudo se ponía ansioso e inquieto en lugares desconocidos. Como había cambiado de oficina desde la última vez que vio a Ben, pensó que era mejor dejar a Bruno en casa. Ben estaba muy alterado durante nuestra sesión y le consolé lo mejor que pude.

Concertamos otra cita para la semana siguiente.

Pero la salud de Bruno se deterioró rápidamente y Ben tuvo que llevarlo al veterinario al día siguiente. Bruno se recuperó al principio, pero unos días después volvió a empeorar. El veterinario determinó que debía ser operado. Ben ya había utilizado sus días personales y la mayoría de sus días de vacaciones para cuidar de Bruno durante las múltiples emergencias de salud y las visitas al veterinario. Utilizó su último día de vacaciones para quedarse al lado de Bruno mientras se recuperaba en casa tras la operación. A la mañana siguiente, Bruno entró en coma.

. . .

Fuera de sus días personales y de vacaciones, Ben llamó al trabajo para decir que estaba enfermo y poder llevar a Bruno al veterinario. Su jefe le llamó al móvil unas horas más tarde después de que Ben no contestara a su teléfono fijo. Ben admitió que estaba en el hospital veterinario y explicó que su perro estaba muy enfermo.

Su jefe estaba furioso. Insistió en que Ben volviera al trabajo inmediatamente para poder cumplir con un plazo importante.

Ben no tuvo elección. Dejó a Bruno en el hospital veterinario y se fue a casa a terminar su trabajo. Esa tarde, el veterinario llamó. Bruno estaba fallando rápidamente. Ignorando las consecuencias de dejar su tarea incompleta, Ben se apresuró a ir al lado de su perro. Cuando llegó al veterinario, Bruno estaba inconsciente y respiraba con dificultad. Ben se acercó y acarició suavemente la cabeza de su perro, mientras las lágrimas corrían por sus mejillas.

"Y entonces ocurrió algo sorprendente", me dijo Ben cuando nos reunimos la noche siguiente. "Los ojos de Bruno no se abrían cuando lo tocaba. Así que puse mi mano cerca de su nariz para que pudiera oler que era yo y... me lamió la mano". Ben se derrumbó en sollozos. "Sabía que estaba llorando y me lamió la mano, como hacía siempre. Me lamió la mano. Y entonces murió". Aunque a menudo me siento profundamente triste cuando trabajo con un paciente con el corazón roto, rara vez me emociono hasta las lágrimas. Sin embargo, la descripción que hizo Ben de los últimos momentos de Bruno me hizo echar mano de la caja de pañuelos. La enormidad de la pérdida de Ben era evidente.

La fiel compañía de Bruno había aliviado la soledad de Ben después de su divorcio, su leal devoción había consolado a Ben cuando sus padres murieron, y su presencia juguetona y exuberante había sido el ancla emocional de Ben durante los últimos quince años. El corazón de Ben estaba absolutamente destrozado.

Pero no le dieron tiempo para lamentarse.

A la mañana siguiente, su jefe llamó a Ben a la oficina y le puso un aviso oficial por absentismo. Cuando Ben intentó explicar lo que Bruno había significado para él, su jefe puso los ojos en blanco y exclamó: "¡Es sólo un animal! Supéralo". Ben intentó negociar y pidió tomarse unos días libres sin sueldo. Su jefe estalló. "¡Madura, Ben! Mi hija de seis años tuvo que tirar su pez de colores por el retrete la semana pasada. ¿Crees *que se ha tomado una semana de vacaciones* para llorar en la oscuridad?"

. . .

Afortunadamente, pude intervenir y escribirle a Ben una nota médica que le eximía del trabajo durante un par de días. El departamento de recursos humanos de Ben no tuvo más remedio que aceptar mi nota, pero su jefe expresó abiertamente su desaprobación. A su regreso, le asignó a Ben una carga de trabajo más pesada de lo normal, con plazos implacables. Ante la amenaza de perder su trabajo, Ben no tuvo más remedio que trabajar entre lágrimas.

A pesar de su inexcusable falta de compasión, el jefe de Ben no es en absoluto una aberración. Nuestras instituciones rara vez reconocen lo significativo y traumático que puede ser perder una mascota querida y rara vez ofrecen a quienes experimentan esa pérdida la compasión y la comprensión que necesitan desesperadamente. Esta falta de reconocimiento hace que un proceso de duelo ya de por sí doloroso sea aún más difícil y complicado de lo que sería de otro modo.

Para ser claros, las personas (también los jefes) suelen responder con empatía y comprensión a quienes tienen el corazón roto por un amor romántico o la muerte de una mascota querida. Es la sociedad en su conjunto la que ignora la gravedad del dolor emocional que evocan esas pérdidas y el profundo impacto que tienen en nuestro funcionamiento. Esperar que Ben sea productivo en el trabajo cuando su perro se está muriendo en el hospital de animales es una ingenuidad que roza la estupidez. El jefe de

Ben le obligó a sentarse en su mesa, pero sólo estaba allí de cuerpo presente. Su mente estaba con Bruno.

Lo que es aún más lamentable es que demasiados de nosotros interiorizamos este tipo de expectativas insensibles, ignorantes y desinformadas y nos juzgamos por ellas, a pesar de lo profundamente contradicen nuestra experiencia emocional. El correo electrónico inicial de Ben es una buena ilustración de esta contradicción.

Su tono era extremadamente tentativo y de disculpa, no sólo porque a Ben le preocupaba que yo considerara ilegítima su angustia emocional, sino porque él mismo se sentía avergonzado por ella. Añadir capas de vergüenza o de pudor a la intensa angustia emocional que sentimos cuando nuestra mascota muere sólo agrava nuestro dolor y complica nuestra recuperación.

Por eso me permití mostrar lo triste que estaba cuando Ben me contó que Bruno había muerto. Era importante que me viera derramar una lágrima -algo que nunca había hecho cuando murieron sus padres- para poder validar lo natural y legítimo que era para él sentirse tan desconsolado. Para contrarrestar la total displicencia con la que el jefe de Ben seguía tratando su dolor, me aseguré de que mis sentimientos de empatía y compasión se reflejaran claramente en mi cara y en mi voz a medida que avanzaban las semanas.

. . .

Ben tardó muchos meses en recuperarse de la muerte de Bruno, mucho más de lo que había tardado en recuperarse cuando murieron sus padres. En parte, esto se debió a que los padres de Ben no habían sido una parte integral de su vida diaria. No estaban fuertemente asociados a las muchas experiencias y situaciones que componían las actividades personales y sociales de Ben, mientras que Bruno sí lo estaba. Además, no me cabe duda de que la incapacidad de Ben para expresar su dolor en el trabajo y la total falta de compasión de su jefe por su dolor emocional hicieron que su recuperación fuera mucho más difícil.

Cuando se nos rompe el corazón y las instituciones nos niegan el apoyo y la comprensión que merecemos, es importante que rechacemos su mensaje despectivo y busquemos activamente que nuestros sentimientos sean validados en otra parte de la manera que podamos. Hay más opciones para hacerlo de lo que creemos. Como Ben no tenía familia y tan pocos amigos, intenté llenar ese vacío lo mejor que pude durante los meses siguientes. También le sugerí a Ben que se uniera a un grupo de apoyo para personas que han perdido mascotas. El hecho de que estos grupos estén surgiendo por todas partes es una muestra más de la falta de reconocimiento social que tienen las personas que pierden a sus mascotas. Animé a Ben a que se pusiera en contacto con un hombre que conocía de un corral de perros que visitaba con Bruno y que también había perdido a su perro recientemente.

. . .

Bruno había sido el fiel amigo de Ben durante quince años y estaba relacionado con todas las facetas de su vida. En general, cuando se nos rompe el corazón, cuanto más sustanciales son nuestra relación y nuestra conexión (ya sea con una mascota o con el objeto de nuestros afectos románticos), más profundo es nuestro dolor y más tiempo nos puede llevar recuperarnos. Lo que hace que el desamor sea tan diferente de otras formas de duelo es que, a veces, incluso la pérdida de una conexión breve y superficial puede perforar nuestro núcleo hasta lo más profundo.

## El campo de minas de las citas está plagado de corazones rotos

Lauren, de veintisiete años, hija de un actuario y una ingeniera, vino a terapia para trabajar su baja autoestima y su gran ansiedad social. Estudiante de medicina, se sentía mucho más cómoda con el pensamiento y la lógica que con las emociones (propias y ajenas), y solía preferir la compañía de los libros de texto y las placas de petri a la de las personas. Su experiencia sexual se reducía a unas pocas sesiones de besos con alcohol en la universidad y su vida de pareja era inexistente.

Como ocurre con muchas personas que sufren ansiedad social, años de miedo y evasión habían deformado algunas de sus percepciones y fomentado creencias muy autocríticas y excesivamente pesimistas sobre su valía y sus posibilidades de éxito en el mundo de las citas. Como ocurre con muchas personas que tienen una autoestima muy baja, se percibía a sí misma como mucho menos atractiva (tanto física como personalmente) de lo que realmente era.

Nuestro trabajo inicial consistió en aprovechar la inclinación de Lauren por la razón para cuestionar algunas de sus suposiciones distorsionadas sobre su aspecto y su deseabilidad social con el fin de crear una mentalidad más propicia para trabajar en su autoestima.

Tras unos meses de terapia, Lauren había progresado lo suficiente como para que un amigo la convenciera de que se uniera a un popular sitio de citas. Una semana después, Lauren anunció que acababa de programar su primera cita desde la universidad. "Mi amiga lleva años haciendo *swipe* a izquierda y derecha", dijo. "Me dijo que es típico tener más primeras citas malas que buenas. Así que supongo que la clave es intentar divertirme pero mantener mis esperanzas moderadas".

Me alegraba saber que Lauren mantenía sus expectativas bajas. Hacía años que no tenía una cita formal y era probable que sus "habilidades para las citas" estuvieran oxidadas en el mejor de los casos. Le sugerí que pensara en sus primeras citas como una "práctica", con el objetivo de sentirse más cómoda con la escena de las citas. Si sale algo de ellas, estupendo, pero puede que le cueste un poco cogerle el ritmo a las cosas. El rechazo y la decepción son una parte tan inherente a la experiencia de las citas que, al reforzar las expectativas moderadas de Lauren, esperaba que no la afectaran tan gravemente como lo harían de otro modo.

Al día siguiente, Lauren me dejó un mensaje emocionado, ansioso por compartir lo mucho que había disfrutado de su cita. Al parecer, ella y su cita se tomaron varias copas y hablaron durante más de tres horas. Estaba absolutamente encantada.

Nuestra siguiente sesión fue dos días después. Lauren no apareció. Me dejó un mensaje esa noche, disculpándose y explicando que estaba demasiado angustiada para venir a la terapia. Me enteré de lo que pasó más tarde: Lauren llevaba dos días sin saber nada de su cita, así que le envió un mensaje de texto en el que expresaba su interés por volver a verle. Cuando él respondió varias horas más tarde, le envió un mensaje escueto diciendo que también había disfrutado de la cita, pero que no estaba interesado en volver a verla.

"Me pasé literalmente tres días llorando en la cama", explicó Lauren cuando nos volvimos a ver, con el dolor aún patente en su rostro. "Me perdí la escuela y mis rotaciones, fue terrible. Estaba hecha un desastre. Lo único peor que lo rota que me sentía era lo humillada que me sentía por estar tan rota. Todo el mundo me advirtió que fuera prudente y mantuviera mis esperanzas a raya y así lo hice. Realmente lo hice. Fui a la cita esperando tan poco. Y luego me derrumbé de todos modos. ¿Qué me pasa? ¿Por qué se me rompió tanto el corazón después de una sola cita?"

Tendemos a asociar el desamor con una pérdida importante y significativa. Entonces, ¿por qué Lauren se sintió tan desconsolada después de una sola cita? ¿Y por qué la cúspide del dolor emocional que sintió duró tres días enteros cuando sus expectativas habían sido tan moderadas para empezar?

La respuesta a la primera pregunta tiene que ver con un error común que muchos cometemos cuando entramos o volvemos a entrar en el mundo de las citas. Lauren sabía que era importante mantener sus esperanzas moderadas y proteger su autoestima y tuvo cuidado de establecer bajas expectativas antes de ir a su cita, pero descuidó mantener sus expectativas bajas después de ella. Una vez que la cita fue bien, las expectativas de Lauren se dispararon rápidamente, preparándola para un golpe mucho mayor.

En cuanto a la segunda pregunta, lo que mantuvo a Lauren encerrada en casa durante tres días completos no fue el golpe inicial del rechazo, sino la vergüenza y el aislamiento que vinieron después. Estaba tan convencida de que sus amigos (y yo) considerarían que su angustia era ridícula e inapropiada que tuvo miedo de acudir a las mismas personas que podrían haberle proporcionado consuelo y apoyo. El aislamiento que se impuso a sí misma, el ridículo al que se imaginaba que se enfrentaba cuando contaba a sus amigos lo devastada que se sentía y la consiguiente falta de validación emocional, apoyo y empatía prolongaron considerablemente su sufrimiento.

Lauren no es en absoluto una anomalía. He trabajado con decenas de personas a las que se les rompió el corazón después de una sola cita, algo que es especialmente común para quienes se reincorporan al mundo de las citas después de no haber estado en él durante un largo periodo de tiempo (tanto si estaban solteros como si tenían relaciones de larga duración). Aunque este tipo de desamor suele durar poco, puede ser increíblemente intenso y doloroso . Desgraciadamente, en casi todos los casos, sintieron la misma vergüenza y el mismo bochorno que Lauren, y esos sentimientos se sumaron significativamente al dolor y la angustia emocional que sentían y les hicieron dudar enormemente a la hora de concertar otras citas.

El hecho de que ciertos tipos de desamor se vean privados de derechos en la sociedad hace que la curación de un corazón roto sea lo suficientemente difícil, por lo que no deberíamos aumentar la injusticia privando de derechos a nuestro propio dolor emocional. Lo peor que podemos hacer por nosotros mismos cuando estamos sufriendo es interiorizar estas normas arbitrarias, volvernos autocríticos y negarnos la empatía y el apoyo que tanto necesitamos.

A Carla se le rompió el corazón cuando el hombre con el que salía desde hacía seis meses y con el que esperaba casarse rompió con ella, a Ben se le rompió el corazón por la pérdida de una querida mascota que había sido una parte muy importante de su vida durante quince años, y a Lauren se le rompió el corazón tras una única cita. Aunque cada uno de ellos se enfrentó a distintos obstáculos en su camino hacia la recuperación, un obstáculo con el que no deberían haber tenido que lidiar fue la retirada o ausencia de apoyo y validación por parte de las personas e instituciones que les rodeaban.

Hay una razón por la que la mayoría de las culturas tienen rituales de duelo que involucran a toda la comunidad.

Cuando estamos de duelo, necesitamos empatía, compasión y abrazos. Los investigadores del duelo reconocen desde hace tiempo que el desamor es una forma de duelo. Nuestras comunidades, nuestras sociedades y muchas de las personas que las componen no lo hacen. Hasta que, por supuesto, son ellos los que tienen el corazón roto.

· · ·

Pero, ¿por qué consideramos que el desamor es tan poco digno de la misma preocupación y respeto que otras formas de dolor? Una de las principales razones por las que la sociedad trivializa ciertos tipos de desamor es que no comprendemos del todo hasta qué punto nuestra mente, nuestro cuerpo y, especialmente, nuestro cerebro se ven afectados cuando se nos rompe el corazón.

Pero ahora, tras décadas de estudio, los científicos saben mucho más que antes sobre el fenómeno del desamor. Los hallazgos de los estudios que exploraremos en las próximas páginas han eliminado gran parte del misterio de los procesos inconscientes e invisibles que tienen lugar en nuestro cerebro y nuestro cuerpo cuando se nos rompe el corazón. Comprender exactamente lo que nos ocurre cuando nos rompen el corazón es un paso esencial para poder sanar y seguir adelante.

# 3

# Cuando los corazones se rompen, los cerebros y los cuerpos también se rompen

EL DESAMOR ES UN SECUESTRADOR. La angustia emocional que provoca invade nuestros pensamientos, capta nuestra atención, se apodera de nuestro enfoque y domina nuestra conciencia. Como un agujero negro que atrae todo hacia él, todo lo que vemos y hacemos se experimenta ahora en referencia a nuestro corazón roto, visto a través de la lente de nuestra pérdida. El dolor emocional es tan ineludible y la opresión en el pecho tan real, que parece que nuestro corazón está literalmente roto. Esta metáfora de un "corazón roto", combinada con el hecho de que fue causado por una sola pérdida, nos hace percibir el desamor como una lesión discreta y específica, como si hubiera una simple cosa mala en nosotros. Pero el desamor no es una lesión simple ni específica: es sistémica y compleja. El desamor afecta mucho más que a nuestra mente y nuestras emociones. Afecta a nuestro cuerpo, a nuestro cerebro, a nuestro funcionamiento y a nuestras relaciones, y lo hace de formas sorprendentes y de gran alcance.

. . .

Nuestra visión excesivamente simplificada del desamor tiene más consecuencias de las que creemos. Como no tenemos una comprensión clara de lo que se "rompe" exactamente (aparte de nuestro corazón metafórico), es probable que malinterpretemos o ignoremos los muchos aspectos de nuestro funcionamiento mental y conductual que están influenciados por nuestros corazones rotos. Como resultado, nuestra recuperación del desamor puede tardar más tiempo y puede ser menos completa. Además, es probable que seamos menos empáticos y compasivos con nuestros seres queridos cuando es su corazón el que se rompe. Y, por supuesto, esto también contribuye a la desafortunada falta de reconocimiento social del desamor.

Para sanar tan a fondo y tan rápidamente como podamos, primero debemos tener una apreciación más precisa de lo que el desamor realmente nos hace. Y el mejor lugar para empezar es literalmente la cima: nuestro cerebro.

Ahora imagina que intentas hacer tu trabajo, estudiar o cumplir con tus responsabilidades si el dolor que experimentas se acerca a niveles "insoportables". Imagine que intenta pensar con claridad o creatividad, razonar, resolver problemas, atender a pequeños detalles, manejar maquinaria pesada o incluso redactar un largo correo electrónico.

. . .

Además, considere que los sujetos de estos experimentos estuvieron expuestos a un dolor casi "insoportable" durante sólo unos segundos. Un corazón roto puede causar un dolor emocional agudo que dura horas, días, semanas e incluso meses.

El experimento de resonancia magnética funcional es sólo uno de los muchos estudios similares que han demostrado que el desamor provoca reacciones en el cerebro y el cuerpo que causan importantes trastornos cognitivos y funcionales.

En un estudio, el mero hecho de pensar en estar sin una persona importante fue suficiente para reducir temporalmente el coeficiente intelectual de los participantes y perjudicar significativamente su rendimiento en tareas de lógica y razonamiento.

Ahora es más fácil entender por qué Carla, la superviviente de cáncer que tuvo problemas para superar su relación de seis meses con Rich, no consideró razonables las razones de Rich para romper y empezó a buscar explicaciones alternativas. También está más claro por qué Ben tuvo dificultades para funcionar en el trabajo tras la muerte de su perro Bruno.

· · ·

De hecho, esto es lo que hace que tener un corazón roto sea tan devastador.

No sólo sufrimos una grave angustia emocional y los efectos de nuestra angustia son muy debilitantes, sino que, con demasiada frecuencia, tanto nuestro dolor como nuestro deterioro funcional no se reconocen ni se ignoran. Nunca esperaríamos que alguien funcionara normalmente en la escuela o en su trabajo si experimentara un dolor físico casi "insoportable" durante todo el día. Pero a Ben no se le tuvo en cuenta su profundo sufrimiento emocional ni su impacto debilitante en su funcionamiento.

Registrar un dolor físico intenso es sólo una de las formas en que nuestro cerebro reacciona cuando se nos rompe el corazón. Hay otra y es mucho más insidiosa.

## Vas a tener que afrontar que eres adicto al amor

Una de las principales razones por las que Carla rechazó la explicación de Rich de por qué había roto con ella fue que se produjo sólo dos semanas después de su fin de semana en Nueva Inglaterra. Carla se convenció de que algo debía haber ocurrido ese fin de semana para desviar la relación (aunque en ese momento pensaba que había ido muy bien).

. . .

Pasó meses revisando sus recuerdos de ese fin de semana, examinando repetidamente cada fotografía y selfie que había tomado y cada texto que había enviado y recibido durante y después de esos tres días. Estaba completamente obsesionada.

La pregunta era: ¿Por qué no aceptó la explicación de Rich y siguió adelante? Seguramente habría sido menos doloroso hacerlo que pasar por la angustia durante meses. ¿Por qué estaba tan obligada a seguir esta búsqueda inútil?

Revivir viejos recuerdos y revisar fotos es algo que muchos de nosotros podemos hacer en las primeras horas, días o incluso semanas tras una ruptura (o la pérdida de una mascota querida). Sin embargo, nuestras ganas de hacerlo suelen decaer con el tiempo y en algún momento cesan por completo. El de Carla no lo hizo, a pesar de que el ejercicio debió ser extremadamente doloroso. Al fin y al cabo, se sumergía en los recuerdos de un fin de semana feliz y romántico durante minutos y horas, para luego volver a la dura realidad de la ruptura.

"Me siento como una detective buscando en la escena de un crimen", explicó Carla en una de nuestras escasas sesiones durante este periodo. "Sé que las pistas están ahí, ¡pero no consigo unirlas!"

.  .  .

Carla podía sentirse como una detective, pero su metáfora era totalmente incorrecta. No se comportaba como Sherlock Holmes, sino como una drogadicta.

Los estudios sobre el cerebro han revelado que el amor romántico implica la activación tanto de estructuras cerebrales (como el área tegmental ventral, los núcleos caudados y el núcleo accumbens) como de la neuroquímica que están muy asociadas a la adicción. De hecho, cuando se nos rompe el corazón por un amor romántico o un enamoramiento, nuestro cerebro responde de forma muy similar al de los adictos que sufren el síndrome de abstinencia de la cocaína o la heroína. Nos centramos intensamente en la persona que nos ha roto el corazón (la "droga") y sentimos un intenso deseo por ella que es extremadamente difícil de desterrar, ignorar o calmar. La falta de contacto con la persona (es decir, no conseguir nuestra dosis) nos hace incapaces de concentrarnos, nos altera el sueño y el apetito, nos provoca ansiedad, letargo, irritabilidad, ataques de llanto, depresión y sentimientos intensos de necesidad (soledad) que nadie más que la persona que nos rompió el corazón puede aliviar, al igual que la cocaína y la heroína.

Carla estaba experimentando fuertes síntomas de "abstinencia" de Rich, pero no era consciente de ello. Sus ansias por él (y por la relación) eran tan fuertes que conseguía su "dosis" de la manera que podía: en su mente. Si Carla no podía tener la "heroína" real de estar con Rich, al menos podía conseguir la "metadona" de los recuerdos del tiempo que compartió con él.

. . .

Como Carla no era consciente de la forma en que su cerebro impulsaba su comportamiento, dio sentido a sus intensas cavilaciones de la única forma que podía, convenciéndose de que había un misterio que resolver. Pero la verdadera razón por la que seguía revisando ese fin de semana no era porque algo hubiera ido mal, sino todo lo contrario: por lo estupendo que había sido el fin de semana.

Al reproducir esos momentos felices tan vívidamente como podía (aunque bajo el pretexto de la búsqueda de "pistas"), se estaba dando a sí misma "arreglos", pequeñas muestras de lo que tanto ansiaba: la sensación de estar con Rich.

Este comportamiento adictivo de "búsqueda de arreglos" es muy común cuando nos rompen el corazón y podemos ser bastante sofisticados en las justificaciones que inventamos para entrar en contacto con la persona que anhelamos (ya sea cara a cara, electrónicamente o en nuestra mente). Una vez trabajé con una mujer cuyo ex novio no dejaba de "recordar" cosas que había dejado en su apartamento y que tenía que recoger. Él sabía que ella no tenía portero y que, por tanto, tendría que encontrarse con él en persona para cada entrega. Primero le pidió una camiseta que había dejado en su cajón. Unos días más tarde fue un pantalón corto de gimnasia. Mi paciente llegó al límite cuando le pidió que recuperara un plato de postre astillado que había olvidado en el armario de la cocina.

Por supuesto, muchos de nosotros nos saltamos las justificaciones por completo y simplemente consentimos estos poderosos impulsos, sin saber que lo hacemos para conseguir nuestra "dosis" y mantener a raya nuestros síntomas de abstinencia. Es posible que enviemos docenas de mensajes de texto, que llamemos para escuchar su voz en los mensajes salientes, que los incluyamos "accidentalmente" en los correos electrónicos de grupo, que salgamos donde esperamos encontrarnos con ellos, que busquemos a sus amigos y familiares o que los marquemos "por error" en nuestros teléfonos. Pero en la era de las redes sociales, la forma más común de satisfacer el anhelo de la persona que les rompió el corazón es acecharla digitalmente.

# Cuatro estilos de apego en el amor

EXISTEN cuatro estilos diferentes de apego en la relación de un niño con su cuidador principal. Nuestro estilo de apego en la infancia puede tener implicaciones de gran alcance en la forma en que reaccionamos a las situaciones en la vida posterior.

Una de las mayores facetas de la vida que se ven afectadas por nuestros estilos de apego en la infancia es nuestra capacidad para amar y establecer relaciones románticas.

Tal vez esto es lo que le atrajo a este libro. Tal vez parezca que siempre atraes a parejas con características similares. O tal vez salga continuamente con personas que no resultan ser tan compatibles con usted como pensaba en un principio.

. . .

Pero, ¿te has parado a pensar por qué te atraen las personas que son?

Enamorarse y establecer relaciones implica una elección, un compromiso y un trabajo constantes. Aunque el amor puede ser muy gratificante e incluso estimulante, a menudo no es nada fácil.

Conectar con una pareja romántica requiere que desarrollemos una comprensión del comportamiento tanto de nuestra persona amada como de nosotros mismos.

Los investigadores han determinado que cada persona tiene un determinado estilo amoroso basado en su educación. Un estilo de amor está constituido por nuestros comportamientos e inclinaciones con respecto a cómo respondemos a nuestras parejas románticas. Al dar sentido a nuestra forma de amar, podemos aprender cómo nuestros estilos de amor afectan a nuestras relaciones. Comprender nuestras inclinaciones y tendencias en las relaciones puede ayudarnos a dar sentido a nuestro propio comportamiento -y al de nuestra pareja- y a construir relaciones más fuertes y duraderas.

## Estilo de amor seguro

. . .

Los que tenemos la suerte de tener un estilo de apego amoroso seguro tenemos una ventaja significativa a la hora de encontrar pareja y mantener relaciones significativas y amorosas. Las personas con un estilo de amor seguro suelen sentirse capaces de acudir a su pareja con cualquier asunto o problema, lo que permite mantener conversaciones significativas y productivas. Un estilo de amor seguro también significa que se tiene una gran confianza en la pareja, permitiéndole la libertad de explorar sus propios intereses y perseguir sus propias metas.

Esto conduce a relaciones abiertas, cariñosas y honestas en las que ambos miembros de la pareja son iguales. Proporciona un entorno en el que ambas partes pueden prosperar, crecer y ser felices.

Tener un estilo de amor seguro significa que nos sentimos cómodos teniendo intereses separados de nuestro amante, pero también entendemos cómo engranar y trabajar juntos para construir una asociación amorosa y segura con la que ir por la vida.

Quizá pienses que todo esto suena demasiado bien para ser verdad. Pero es importante no confundir un estilo de amor seguro con la perfección. Porque, como sabemos, la perfección es algo inalcanzable, especialmente cuando se trata del amor y las relaciones.

. . .

Tener un estilo de apego seguro no significa que seamos inmunes a los conflictos, las discusiones y los días malos. Ni mucho menos. La naturaleza de una relación romántica implica que siempre habrá desacuerdos. Pero en lo que se diferencian las personas con un estilo de apego seguro es en su capacidad para trabajar con su pareja en la resolución de problemas, con el fin de llegar a una solución aceptable para cualquier conflicto que pueda surgir. Las personas con un estilo de apego seguro también tienen una mayor inteligencia emocional, lo que les lleva a buscar soluciones, en lugar de actuar precipitadamente, golpear o atacar a su pareja.

La gran capacidad de recuperación y el conocimiento de sí mismo son características típicas de las personas con un estilo de amor seguro, rasgos que les ayudan a superar los obstáculos y los conflictos con madurez y amor. Los seguros tienen la capacidad de reflexionar sobre sus propios estados emocionales, junto con los estados emocionales de su pareja. Esto les permite comunicarse con mayor eficacia. Como resultado, los seguros se desenvuelven bien en las relaciones de pareja y son capaces de responder adecuadamente a los mensajes emocionales que les envía su pareja.

Fuera de las relaciones románticas, las personas con un estilo de apego seguro son excelentes colegas, debido a su capacidad para trabajar bien en equipo. Por término medio, tienen mayores ingresos que los que tienen un estilo de apego inseguro.

Aunque en el siguiente capítulo estudiaremos más detenidamente las formas de evaluar el estilo de apego, si puede responder afirmativamente a la mayoría o a todas estas preguntas, es posible que muestre un estilo de apego seguro:

¿Siente una fuerte conexión emocional con los seres queridos de su vida?

¿Te sientes cómodo con la cercanía emocional y física?

¿Se siente igualmente cómodo con la independencia?

¿Sientes que te comunicas eficazmente?

¿Tienes la capacidad de resolver los conflictos cuando surgen?

¿Siente que las relaciones en su vida son bastante estables?

¿Confías en tu pareja?

¿Te sientes cómodo abriéndote y siendo vulnerable con tu pareja?

Estilo de amor ansioso y preocupado

Para las personas con un estilo amoroso ansioso y preocupado, el amor suele ser algo relegado al mundo de la fantasía. Romantizan el amor y son propensos a enamorarse de una fantasía, o de un ideal inalcanzable, ya que es mucho más fácil de manejar que la realidad, a menudo desafiante, de mantener una relación.

. . .

Esta visión romántica del amor suele llevar a los amantes preocupados por la ansiedad a sentirse atraídos por parejas que perciben como "necesitadas de salvación" o, por el contrario, por parejas que creen que pueden salvarles. Los amantes preocupados por la ansiedad a menudo se encuentran buscando un final de cuento de hadas inalcanzable.

Las personas con este estilo de apego suelen sufrir inseguridades y dudas sobre sí mismas y luchan por encontrar un fuerte sentido de su propia identidad.

En una relación, las personas con este estilo de apego pueden ser pegajosas, exigentes y obsesivas. Suelen pensar y analizar demasiado las situaciones y pueden ser malhumoradas e imprevisibles. Como resultado, sus relaciones pueden ser tempestuosas y problemáticas, y los amantes ansiosos y preocupados confunden este conflicto constante con la pasión.

Fuera de las relaciones románticas, las personas con un estilo de apego ansioso-preocupado suelen estar insatisfechas con sus trabajos y tienen unos ingresos más bajos que las que tienen una relación segura.

. . .

Si responde afirmativamente a algunas o a todas las preguntas siguientes, es posible que muestre un estilo de amor ansioso y preocupado:

Cuando discutes con tu pareja, ¿te hace sentir extremadamente ansioso y agobiado?

Cuando tu pareja te pide un poco de tiempo a solas, ¿le acosas para que te atienda hasta que ceda?

¿Siente la necesidad de que le den seguridad constantemente en su relación? Si tu pareja está lejos, ¿te hace dudar de su amor por ti?

El estilo de amor ansioso preocupado está estrechamente ligado al estilo de apego ansioso ambivalente. Por lo general, las personas que presentan uno de ellos también presentan el otro.

## Estilo de Amor Evasivo y Despectivo

El estilo de amor evasivo se caracteriza por ser distante y distanciado en las relaciones. Las personas con este estilo de apego suelen tener una personalidad fuerte y se muestran independientes y autosuficientes.

· · ·

Pero esta fuerza suele ser sólo una tapadera para su incapacidad de compartir sentimientos y expresar sus emociones. Las personas con este estilo de amor suelen replegarse a la primera señal de conflicto, aislándose de cualquier posibilidad de verdadera intimidad emocional.

Es importante, por supuesto, en cualquier relación, que ambas personas tengan espacio personal y tiempo lejos de su pareja. Pero los que tenemos un estilo de amor displicente y evasivo buscamos la soledad mucho más a menudo que la mayoría de la gente. Suelen alejar a su pareja y desviar sus avances, buscando la seguridad de su propio espacio personal. A los ojos de una persona con un estilo de amor despectivo-evitativo, pasar tiempo con una pareja romántica la pone en riesgo de ser vulnerable y de salir herida.

Cuando una crisis golpea una relación, en forma de conflicto, o incluso una ruptura, las personas con este estilo de amor tienen la capacidad de cerrarse y convencerse -al menos durante un tiempo- de que no les importa lo que está pasando. Su personalidad fuerte e independiente entra en acción y se convencen de que son felices por sí mismos.

Pero esta férrea independencia sólo puede durar un tiempo. Como humanos, necesitamos el contacto con otros para sobrevivir. Ninguno de nosotros puede prosperar por sí solo.

· · ·

La realidad es que la férrea fachada que muestran las personas con un estilo de amor despectivo y evasivo no es más que la fachada de una profunda falta de autoestima.

Las personas con un estilo de amor evasivo evitarán mostrar afecto, como los abrazos, y a menudo evitarán el contacto visual.

El estilo de amor evasivo puede manifestarse también fuera de las relaciones románticas. Las personas con este estilo de amor tienen dificultades para mantener relaciones estrechas de todo tipo, ya sea con amigos, familiares o amantes.

Los evitadores más extremos son casi totalmente incapaces de hablar de sus sentimientos. Los sentimientos que tienen son principalmente negativos y tienen grandes dificultades para expresarlos con palabras. Esto se conoce como alexitimia, un síndrome que se refiere a la incapacidad de encontrar palabras para los sentimientos. Es importante señalar que esto no es lo mismo que no tener sentimientos. Los evitadores extremos que padecen alexitimia a menudo sólo son capaces de expresarse a través de la rabia y las rabietas.

Sus emociones también pueden manifestarse como síntomas físicos, como dolores de estómago inexplicables o descargas de adrenalina.

. . .

Fuera de las relaciones románticas, las personas con un estilo de apego evitativo son propensas a ser adictas al trabajo. Dejar que el trabajo se apodere de su vida suele ser una táctica para evitar las situaciones sociales. Los evitadores suelen preferir trabajar solos.

Debido a su ética laboral, sus ingresos suelen ser tan elevados como los de las personas con un estilo de apego seguro, pero suelen estar tan insatisfechos con sus trabajos como los ansiosos preocupados. Sin embargo, su ética de trabajo y su capacidad para actuar en solitario hacen que las personas con personalidad evitativa destaquen en funciones que requieren un esfuerzo individual. Su falta de empatía y de preocupación por los sentimientos de los demás también puede ser beneficiosa en campos como los litigios.

Si puede responder afirmativamente a algunas o a todas las preguntas siguientes, es posible que muestre un estilo de apego evitativo despectivo:

¿Se siente más cerca de sus seres queridos cuando están separados?

¿Te encuentras alejándote cuando tu pareja busca intimidad emocional o física?

¿Busca alejarse de las situaciones conflictivas y estresantes?

¿Se siente emocionalmente desconectado de los demás?

El estilo de amor evitativo despectivo es el que más frecuentemente presentan las personas con un estilo de apego evitativo ansioso.

## Estilo de amor temeroso y evasivo

Para las personas con un estilo de amor temeroso y evitativo, mantener una relación es una especie de acto de malabarismo. Temen estar al mismo tiempo demasiado cerca y demasiado lejos de su pareja. Para las personas con problemas de apego evitativo temeroso, el amor puede ser similar a una aterradora montaña rusa.

Estas personas entienden que, para construir una relación sólida, deben permitirse acercarse a otra persona. Sin embargo, esto les produce miedo, ya que temen ser abandonados. Les cuesta generar confianza y apoyarse en su pareja y suelen tener poca confianza en la solidez de su relación.

Como es lógico, esto les lleva a comportarse de forma imprevisible, y pueden verse abrumados por la intensidad e inconsistencia de sus propias emociones. Las personas con este estilo de apego luchan con un interminable conflicto interior: por un lado, anhelan la intimidad y, por otro, se resisten a ella, por miedo a salir heridos.

Para los amantes evasivos temerosos, las relaciones suelen estar llenas de altibajos. A menudo se aferran a su pareja cuando empiezan a sentirse rechazados, lo que, en algunos casos, puede llevar a relaciones emocional y físicamente abusivas.

Al igual que con el estilo de amor evasivo, estos rasgos pueden llevar a una persona a tener pocos amigos cercanos y relaciones significativas en todas las facetas de su vida.

Si puede responder afirmativamente a alguna de las siguientes preguntas, es posible que muestre un estilo de apego temeroso y evitativo:

¿Buscas desesperadamente la intimidad emocional, pero al mismo tiempo sientes que es más seguro estar solo?

¿Sientes que la intimidad emocional o física te hará daño?

Cuando era niño, ¿su principal cuidador le maltrataba física o emocionalmente? ¿Su cuidador principal le mostraba amor en un momento y le hacía daño al siguiente?

. . .

El estilo de amor temeroso-evitativo es el que más frecuentemente exhiben quienes tienen un estilo de apego ansioso-desorganizado.

# 5

# La comunicación en las relaciones

INDEPENDIENTEMENTE DE SI se trata de una relación con tu media naranja o incluso con tus amigos, habrá algunos retos. Hay diferentes factores que son importantes para el éxito de una pareja o incluso de una relación a largo plazo.

Sin embargo, el factor más importante de todos es la comunicación. La falta de habilidades de comunicación adecuadas puede arruinar cualquier relación. Es muy importante comunicar de forma eficaz y eficiente lo que quieres, necesitas, sientes o deseas con tu pareja para la salud de tu relación. La falta de comunicación adecuada suele crear malentendidos y sentimientos de resentimiento.

Estas cosas pueden arruinar rápidamente su relación. La buena noticia es que, al igual que con cualquier otra habilidad en la vida, usted también puede trabajar para mejorar sus habilidades de comunicación.

Entonces, ¿le interesa conocer las formas en que puede mejorar significativamente la forma de comunicarse con su pareja?

## Consejos generales para una mejor comunicación
### Escucha activa

Hay una diferencia entre oír lo que dice la otra persona y escucharla activamente. A veces, incluso puedes escuchar lo que dice tu pareja, pero puede que no estés totalmente presente mientras lo haces. Puede que estés distraído con otra cosa. En las conversaciones habituales, y especialmente en las más acaloradas, puedes esperar impacientemente a expresar tus pensamientos o a tener la oportunidad de rebatir. Es posible que pienses impacientemente en todas las formas de responder mientras están hablando, en lugar de absorber activamente lo que están diciendo y responder más tarde. Cuando haces esto, no estás prestando mucha atención a lo que dice tu compañero porque estás absorto en tus propios pensamientos.

Para ser un oyente activo, tienes que hacer un esfuerzo consciente para frenar tus pensamientos y escuchar lo que dice tu pareja, no sólo con la mente abierta, sino también con el corazón abierto. Como la mayoría de las cosas en la vida, es más fácil decirlo que hacerlo. Sin embargo, tu intención es lo que importa, así que esto será un punto de partida.

Si por alguna razón no tienes la concentración necesaria para escuchar activa y abiertamente lo que dicen los demás, puedes dejar la discusión o la conversación en suspenso hasta más tarde. Otra forma sencilla de trabajar para convertirse en un oyente activo es compartir tus comentarios. Sólo tienes que repetir o parafrasear lo que dice tu compañero hacia el final de la conversación para demostrar que has estado escuchando.

La dinámica de la conversación puede cambiar de forma positiva cuando tu interlocutor sabe que se le ve y se le escucha. Dicho esto, no estoy sugiriendo que tengas que estar de acuerdo con todo lo que dicen, pero si demuestras que les entiendes, puedes mejorar la comunicación a tu favor.

Incluso si pareces un poco transparente al hacer esto, está bien. Al menos estás haciendo un esfuerzo para empezar. Por ejemplo, puedes decir algo como: "... ¿lo he entendido bien?". O "parece que estás molesto conmigo por no hacer..."

Como con cualquier otra habilidad en la vida, puedes convertirte en un oyente activo, pero requiere tiempo y esfuerzo. Cuanto más practiques, mejor serás y más fácil te resultará. Es posible que durante las dos primeras semanas la escucha activa no te resulte natural, pero al cabo de un tiempo le cogerás el tranquillo.

## Preguntas abiertas

"¿Alguna vez dejas de hablar y escuchas?" o "¿Me pregunto si alguna vez limpiarás sin que te lo pida?". Es posible que hayas utilizado estas preguntas retóricas en algún momento con tu pareja.

¿Te parecen buenas para iniciar una conversación? Estoy seguro de que incluso tú estarías de acuerdo en que ésta no es la mejor manera de iniciar una conversación o un diálogo saludables. Claro, cuando estás frustrado, molesto o irritado, estas pueden parecer cosas muy buenas para decir en esa instancia. Sin embargo, no son buenas para ti a largo plazo.

Al hacer esas afirmaciones o preguntas, básicamente estás poniendo a tu pareja a la defensiva una vez más. Una vez que esto sucede, las posibilidades de una discusión sana se van por el desagüe. En lugar de trasladar cualquier emoción desagradable a la conversación, empieza a utilizar preguntas abiertas. En lugar de : "¡Me pregunto si alguna vez limpiarás sin que yo te lo pida!", puedes decir algo como: "Ciertamente me vendría bien más ayuda en la casa. ¿Qué podemos hacer al respecto?" o "Estaría bien que todo esto se limpiara rápidamente. ¿Qué podemos hacer?"

## Edición interna

Mientras te comunicas con tu pareja, debes hacer un esfuerzo consciente para evitar recurrir a cualquier forma de crítica personal. Esto significa que debe abstenerse de mostrar críticas, ya sea verbalmente o a través de su lenguaje corporal. Por lo tanto, no recurras a ningún tipo de menosprecio, insulto o crítica negativa, ni muestres lenguajes corporales indeseables, como poner los ojos en blanco o suspirar de forma dramática. En el momento en que empiezas a criticar a tu pareja, te pones inmediatamente a la defensiva. Una vez que tu pareja se pone a la defensiva, sea cual sea el tema de conversación, lo más probable es que se convierta en una discusión o en una pelea desagradable. Cuando pones a tu pareja a la defensiva, esto perjudica significativamente toda la conversación. No sólo limita la capacidad de escucha, sino que la conversación se intensificará por el enfado y puede que ambos acabéis haciéndoos daño con las cosas que decís.

## Mantenga la calma

· · ·

Siempre que estés enfrascado en una discusión con tu pareja, asegúrate de mantener la calma. Si mantienes la calma, disminuirán las posibilidades de que la conversación se descontrole y se convierta en una gran discusión. Si quieres, puedes hacer una pausa en la conversación y retomar el tema cuando te sientas más estable emocionalmente y tranquilo. Anima a tu pareja a hacer lo mismo. Es mejor tener una discusión cuando tú y tu pareja estéis emocionalmente estables y no volátiles.

Además, debes ser consciente de cualquier conversación interna que se produzca en tu mente mientras mantienes una conversación con tu pareja. Por ejemplo, supongamos que estás en medio de un desacuerdo. ¿Su autoconversación interna aumenta su capacidad para calmarse o le hace estar aún más irritado? Si notas que esa autoconversación interna parece alimentar el fuego del malestar emocional, es hora de cambiarla. Si en medio de una discusión te sorprendes a ti mismo pensando "la última vez que nos peleamos, las cosas que dijeron me hicieron daño" o "esto es lo que siempre hacen y es injusto", detente inmediatamente. Si te dedicas a hablarte a ti mismo de forma negativa, sólo conseguirás empeorar la situación. No lo hagas y, en su lugar, intenta sustituir todo este comportamiento por la calma. Una vez que estés calmado y ya no veas rojo, estarás en mejor posición para expresarte y entender a tu pareja.

Trabaja para calmarte cada vez que estés molesto. Por ejemplo, puedes dar un pequeño paseo o incluso tomarte un tiempo muerto y salir físicamente de la habitación en la que está tu pareja.

Esto ayuda a asegurar que tus emociones están bajo control y que eres tú quien las controla. Una conversación será bastante productiva cuando tus emociones estén equilibradas y tu mente esté despejada.

**Ser amable**

Si algo te molesta, eres libre de exponer los motivos. Pero al hacerlo, debes ser amable con tu pareja. No culpes a tu pareja, sino que habla de lo que sientes y has experimentado. Sé consciente del tono que utilizas al comunicar tus problemas. Si utilizas un tono que sea mutuamente respetuoso, podrás iniciar un diálogo constructivo y abrir líneas de comunicación entre ambos.

Ten en cuenta que el tono que utilices no debe ser agresivo ni pasivo. Una vez más, si tu pareja detecta cualquier indicio de crítica o de agresividad pasiva, toda la conversación se detendrá de golpe.

**Incorporar declaraciones del "yo"**

. . .

La mejor manera de apropiarse de sus sentimientos al comunicarse con su pareja es utilizando frases con "yo". En lugar de señalar los errores de tu pareja, concéntrate en expresar cómo te sientes por sus acciones. Las frases más comunes que puedes empezar a utilizar son: "Yo siento", "Yo quiero" o "Yo necesito". Por ejemplo, decir algo como: "Me siento mal porque has dicho_". De este modo, evitarás que tu pareja se ponga a la defensiva mientras te expresas.

También hará que tu pareja sea más consciente de su comportamiento.

Esta técnica también te anima a expresarte, a expresar tus pensamientos y emociones, con mayor claridad.

## Perspectiva

Tu perspectiva determina esencialmente todo lo que sientes y piensas. Por ejemplo, puedes decir que el vaso está medio vacío, mientras que tu pareja dice que el vaso está medio lleno.

Independientemente de lo que ambos piensen, la cantidad de agua en el vaso seguirá siendo la misma. Entonces, ¿por qué no pensar que esto es cierto desde la perspectiva de tu pareja? Al fin y al cabo, el contenido de líquido es el mismo, y tu pareja no está equivocada. Si te pones en el lugar de tu pareja en cualquier situación, te resultará más fácil ver las cosas desde su perspectiva. Una vez que entiendes de dónde vienen y por qué dicen lo que dicen, es más fácil entenderles.

También puede desencadenar sentimientos de empatía hacia ti. El grado de éxito de tu relación depende de si puedes aceptar la influencia de tu pareja o no. A veces, basta con un simple cambio de perspectiva para resolver una disputa.

## Entendiendo

Todos queremos que nos entiendan, pero algo en lo que todos fallamos es en entender a los demás. Primero hay que intentar entender lo que dice la otra persona antes de exigir que nos entiendan. Se trata de una técnica sencilla que puedes utilizar al entablar conversaciones con tu pareja, tus familiares, tus amigos, tus colegas o prácticamente con cualquier persona de tu vida. Como seres humanos, es una tendencia inherente o un deseo de ser comprendidos por los demás. Tómese un momento y piense en todas las veces que ha dicho: "Nadie me entiende" o "¡No entienden lo que trato de decir!". Para que una relación sea sana, cariñosa y exitosa, tú y tu pareja debéis entenderos. Por un momento, no hagas hincapié en tu necesidad de que te entiendan y, en su lugar, cambia el enfoque para entenderles mejor. Este simple cambio en la forma de utilizar tu atención ayuda a despejar el camino para una nueva comunicación y provocará un cambio positivo en la dinámica de la relación.

## Cómo responder cuando su pareja es evasiva

Como en todo cambio a un nivel tan profundo, la comprensión es el primer paso. Entiendes que tienes un enfoque evasivo, y lo sabes por las experiencias de tu pareja.

Intenta trabajar para la cooperación y el estímulo mutuos. Intente reducir el deseo de control total. Permita que su pareja haga algunas cosas que a usted le resultan difíciles de hacer.

No te fijes siempre en las imperfecciones de tu pareja. Todos las tenemos. Haz una lista de las cosas de tu pareja por las que estás agradecido.

. . .

Acostúmbrate a considerar e incluso instigar el contacto físico. Dígase que tener algo de intimidad es bueno para usted. La intimidad te ayudará a sentirte cómodo.

Y puedes aprender con el tiempo que está bien confiar en otras personas.

# 6

# Los muchos errores que nos hacen retroceder

Si hubiera interruptores mentales que pudiéramos accionar para dejar de sentir dolor y pena cuando nos rompen el corazón, obviamente los accionaríamos. Por desgracia, esos interruptores no existen. Desgraciadamente, lo que sí existe son interruptores mentales que nos hacen sentir peor, agravan nuestro dolor y prolongan nuestra recuperación. Y, aunque lo hagamos sin saberlo, activamos esos interruptores malos todo el tiempo.

Quizá la verdad más triste sobre el desamor es que, en los momentos más profundos de nuestro dolor, los mismos instintos en los que confiamos para guiarnos a menudo nos llevan por el mal camino y es probable que nos dejemos llevar por pensamientos y comportamientos que nos parecen extremadamente "correctos" en el momento, pero que en realidad son bastante perjudiciales desde el punto de vista psicológico.

. . .

## La importancia de lograr el cierre

Carla, cuyo novio Rich rompió con ella después de un fin de semana romántico en Nueva Inglaterra, pasó innumerables horas analizando cada matiz de su viaje, convencida de que algo debía haber ocurrido para provocar la ruptura.

Las imágenes de su viaje aparecían constantemente en su mente de forma no deseada y Carla perseguía a cada uno de estos huéspedes mentales no invitados, con la esperanza de que la condujeran a la pista crucial.

Pero toda la exploración de Carla se basaba en dos suposiciones incorrectas. En primer lugar, suponía que ese fin de semana había ocurrido algo vital, lo suficientemente importante como para que Rich rompiera con ella dos semanas después. Sin embargo, Rich ya había explicado sus razones para la ruptura y no sólo se ajustaban a los hechos de la relación, sino también a quién era Rich como persona.

A pesar de la angustia que le causó la ruptura, Carla seguía considerando a Rich un buen tipo. De hecho, la característica que más comentaban Carla y sus amigas a lo largo de la relación era lo excepcionalmente amable y decente que era

Rich. Y lo era. Durante los seis meses que salió con Carla, demostró repetida y constantemente empatía y compasión. Su amabilidad era evidente incluso en la forma en que rompió con ella.

Rich explicó que Carla le gustaba de verdad y que se preocupaba por ella. Subrayó que disfrutaba auténticamente de su compañía (por eso pudo disfrutar de un fin de semana encantador con ella tan cerca de la ruptura). Pero después de salir con Carla durante seis meses, sus sentimientos por ella simplemente no habían progresado lo suficiente. Por mucho que le gustara Carla, no estaba enamorado de ella. Como quería dar a la relación todas las posibilidades de éxito, sugirió el fin de semana romántico en Nueva Inglaterra para ver si eso hacía que sus sentimientos por Carla pasaran a la columna del amor. Cuando se dio cuenta de que sus sentimientos no habían cambiado, se lo hizo saber a Carla de inmediato. Era muy consciente de las pruebas físicas que ella ya había soportado y sabía que retrasar la ruptura sólo haría que fuera más dolorosa para Carla en el futuro.

En otras palabras, no había ningún misterio que resolver.

No ocurrió nada en su fin de semana romántico que agriara la relación de Rich. Más bien, no ocurrió lo suficiente como para cambiar sus sentimientos. A pesar de que ambos lo pasaron muy bien, Rich simplemente no cruzó el umbral emocional y se enamoró.

La segunda suposición de Carla era aún más problemática.

Creía que lo que había salido mal ese fin de semana debía ser culpa suya. Sentirse responsable de la desaparición de la relación y no saber qué había hecho para provocarla no hacía más que alimentar su desesperada búsqueda de respuestas.

Negarse a aceptar la explicación perfectamente razonable y lógica de Rich para la ruptura fue un gran error por parte de Carla, que impidió de forma significativa su recuperación psicológica. Los estudios sobre las rupturas sentimentales han identificado una serie de variables que predicen una adaptación emocional saludable y una curación psicológica oportuna. Uno de los principales factores que nos permiten dejar ir y seguir adelante es tener la certeza de por qué se produjo la ruptura. Comprender claramente por qué las cosas terminaron nos ayuda a llegar a un cierre mucho antes de lo que podríamos hacer de otra manera. Si Carla hubiera aceptado simplemente las razones de Rich en su momento, podría haber evitado meses de innecesario análisis mental y de intensa y prolongada angustia emocional.

. . .

## Los peligros de asumir que tenemos la culpa

El daño psicológico que Carla se infligió a sí misma, sin saberlo, iba mucho más allá del mero retraso de su recuperación. Al asumir que ella era la culpable de la desaparición de la relación, se mantenía atrapada en un sentimiento de pérdida debilitante. Cuando los sentimientos de dolor no se alivian después de seis meses, puede ser una señal de que hemos desarrollado una respuesta anormal a la pérdida y al desamor conocida como duelo complicado.

Los estudios sobre el duelo complicado (a veces llamado trastorno de duelo complejo persistente) han puesto de manifiesto el papel crucial y perjudicial de las cogniciones negativas. Las cogniciones negativas son pensamientos o creencias inexactas que nos hacen sentir mal con nosotros mismos y nos impiden reanudar nuestra vida de forma productiva. Desde el punto de vista psicológico, las cogniciones negativas tienen tres características clave: son autocríticas, perjudiciales o limitantes; son inexactas en cierto grado (y a menudo de forma significativa); y lo más problemático, tendemos a estar convencidos de que son verdaderas. De hecho, en muchos casos, ni siquiera se nos pasa por la cabeza cuestionar la veracidad o validez de una cognición negativa. Simplemente pensamos en ellas como un hecho.

· · ·

Las cogniciones negativas no son en absoluto inusuales, ya que no es infrecuente albergar unas cuantas, aunque sean de forma leve. Estas creencias erróneas suelen coexistir con sentimientos de baja autoestima, depresión, ansiedad y, por supuesto, con el desamor y el dolor.

Muchas formas de psicoterapia implican identificar y desafiar las cogniciones negativas del paciente, ya que hacerlo es una técnica terapéutica probada y muy eficaz.

Hay muchas formas de cogniciones negativas. Algunas tienden a ser mucho más dañinas que otras y nos ponen en riesgo de desarrollar un duelo complicado. Una de ellas es la autoculpabilidad excesiva.

Carla creía que había cometido un error crítico, uno que condujo al final de la relación. Ignoraba por completo que esta suposición era completamente falsa y, por tanto, no reconocía hasta qué punto saboteaba su capacidad para atravesar el proceso de duelo o cómo aumentaba su riesgo de desarrollar tanto depresión como ansiedad.

La autoculpabilización es igual de común e igual de perjudicial cuando perdemos una mascota querida.

· · ·

Podemos reñirnos por no habernos dado cuenta antes de que algo iba mal, por haber dejado la jaula o la ventana abierta, por no haber cerrado la puerta del patio, por no haber previsto el tráfico en una calle tranquila, por no haber sujetado su correa con suficiente fuerza, por no habernos dado cuenta de que había comido algo perjudicial, por no haber estado allí en sus últimos momentos o por no haberlos apreciado lo suficiente cuando estaban vivos.

Para ser claros, la mera existencia de tales pensamientos no nos condena automáticamente a desarrollar un duelo complicado. La tendencia a culparnos cuando se nos rompe el corazón no es inusual. Lo que importa es cuánto tiempo permitimos que esos sentimientos perduren. La mayoría de nosotros dejamos de lado la culpa y el arrepentimiento de forma natural a medida que avanzamos en el proceso de duelo.

Una segunda cognición negativa que se ha asociado al duelo complicado es tener creencias extremadamente negativas sobre nuestro "yo". Lauren, la estudiante de medicina con ansiedad social, lloró durante días después de que la rechazaran para una segunda cita. A sus ojos, el rechazo sólo reforzó sus antiguas inseguridades sobre su apariencia. Aunque es probable que la mayoría de nosotros nos centremos en nuestros defectos tras un rechazo, hacerlo de forma excesiva y catastrófica es problemático. Pensamientos como "Ojalá fuera más guapa" o "No me gusta mi sonrisa" son desafortunados pero no inusuales, pero Lauren verbalizó creencias como "¡Ningún hombre me querrá! y "¡Estaré sola para siempre!

Dado que las cogniciones desadaptativas de Lauren se produjeron inmediatamente después de su rechazo, no podía recibir el diagnóstico de duelo complicado. Pero a menos que empezara a cuestionar sus duras y punitivas autopercepciones, sin duda correría el riesgo de desarrollar otros trastornos psicológicos.

Como ocurre con todas las autoconcepciones negativas, la de Lauren no reflejaba en absoluto una realidad objetiva. Llevaba menos de una semana con su perfil en el sitio de citas cuando consiguió su primera cita y, según admitió, en ese tiempo ya la habían contactado una docena de hombres. Cuando se lo señalé, retrocedió y afirmó que nunca saldría con ninguno de ellos.

Sin embargo, mi punto no era que Lauren debiera salir con esos hombres o que alguno de ellos fuera un buen partido para ella, sino que su interés era una clara evidencia de que los hombres la encontraban atractiva. Al fin y al cabo, había una docena de ellos en una sola semana. Lauren admitió que su amiga también había tratado de hacer lo mismo, pero, como suele ocurrir con las autoconcepciones negativas, especialmente las que hemos cultivado durante años, Lauren se esforzó por dejar de lado sus creencias autocríticas y descartó cualquier prueba que las contradijera.

· · ·

Una regla general que deberíamos seguir es que si dos personas diferentes (que no sean nuestros padres o abuelos, que suelen ser los miembros menos objetivos de nuestro sistema de apoyo) hacen el mismo comentario (por ejemplo, que la gente nos encuentra atractivos o que la razón de nuestro ex para romper es razonable) y es algo que realmente nos molesta, deberíamos hacer una pausa y considerarlo con detenimiento.

En primer lugar, porque dos personas distintas están diciendo lo mismo y, en segundo lugar, porque nuestro "erizamiento" es indicativo de que nuestra resistencia está siendo alimentada por un problema subyacente (por ejemplo, tenemos una baja autoestima o queremos seguir obteniendo nuestra "dosis" buscando una razón diferente) y no por la incorrección inherente de la afirmación.

# 7

# Comunicación con claridad cuando todo se pone difícil

Los SIGUIENTES CONSEJOS pueden ayudarte si tu pareja tiene un estilo de apego desorganizado, ya que este tipo de relaciones pueden conducir fácilmente a problemas graves a largo plazo. Intenta estar presente, ser paciente y receptivo si estás en una relación con alguien desorganizado.

## Comunicar con claridad sin culpar ni emocionar

Las parejas desorganizadas no suelen manejar bien la confrontación; de hecho, a menudo se cierran, se retraen o arremeten cuando se les pide algo. Teniendo esto en cuenta, intenta evitar situaciones en las que tengas que enfrentarte a tu pareja por algo (a no ser que sea un asunto grave que no se pueda evitar) y, en su lugar, deja claro cuáles son tus necesidades de una forma clara y directa.

· · ·

Las parejas desorganizadas generalmente no manejan bien los sentimientos o las emociones, así que en lugar de expresar tus sentimientos, habla de los hechos y de cómo te hacen sentir. En lugar de decir: "Me siento incómodo con el poco tiempo que pasas conmigo y con nuestra relación", di: "Cuando pasamos más de una semana sin vernos, siento que no estamos comprometidos el uno con el otro".

## Haga preguntas abiertas

Puede ser difícil obtener una respuesta de un compañero con apego desorganizado porque puede cerrarse o arremeter si se siente presionado. Por ello, es posible que tengas que hacer preguntas abiertas que no juzguen y que no hagan sentir a tu pareja que la están atacando.

Hacer preguntas abiertas puede hacer que tu pareja sienta que no tiene que preocuparse por enfadarte, y las respuestas que obtengas también pueden ayudarte a averiguar mejor lo que tu pareja realmente necesita o quiere. Las preguntas sin prejuicios también pueden ayudar a tu pareja a sentirse segura.

Este método es especialmente eficaz si has probado otra cosa anteriormente y no te ha ido bien. Prepárese a marcharse.

. . .

Si ya lo has intentado en el pasado, deberías estar preparado para que tu pareja se cierre o arremeta contra ti si lo vuelves a intentar, Sin embargo, puede que no se den cuenta de lo difícil que es para ti tratar con ellos cuando hacen esto.

Hazles saber que no vas a tolerar que se cierren más y que si esto vuelve a ocurrir, pondrás fin a las cosas.

## No comprometas tus límites

Las parejas desorganizadas tienden a ponerse celosas y ansiosas con facilidad porque suelen ser inseguras, También suelen sentir que sus parejas no las quieren tanto como ellas, lo que puede hacer que actúen de forma celosa y posesiva.

Sin embargo, ten cuidado de no comprometer tus límites, ya que puede hacerte sentir ansioso e incómodo.

Si tu pareja es una persona con apego desorganizado, puede ser especialmente difícil para los dos comunicarse eficazmente. Si has notado que tu pareja tiene pocos lazos o conexiones dentro de la relación, puede ayudarte hablar con alguien sobre las dificultades y empezar a tener conversaciones sin prejuicios sobre cómo son las cosas.

Si tu pareja se cierra en banda y siente que no se merece nada mejor en la relación, puede ser difícil que avance o haga cosas que fortalezcan la relación.

## Beneficios de una comunicación sana

El apego desorganizado puede ser muy difícil de tratar para una pareja, pero son muchos los beneficios de tener una relación sana con tu pareja.

Una relación sana se siente más estable y segura porque tú y tu pareja podéis comunicaros abierta y honestamente.

Cuando no se resuelven los problemas, estos pueden hacerse más grandes de lo que deberían debido a la forma en que funciona el apego desorganizado.

Las parejas desorganizadas también tienden a sentirse más cómodas en una relación segura porque les da la seguridad que supone estar cerca de otra persona. Una relación segura os da a ti y a tu pareja la oportunidad de hablar de lo que ocurre en vuestra relación y de averiguar qué se necesita para mejorar las cosas. Una vez que tú y tu pareja hayáis hablado de cómo están las cosas, puede ser más fácil para ambos resolver los problemas.

Los beneficios no terminan ahí. Puedes desarrollar una mejor relación con el otro gracias a la confianza y la franqueza que conlleva una comunicación sana. También puedes abrirte y hablar más de tus sentimientos. Esto puede hacer que te sientas más conectado con tu pareja y menos solo, lo cual es muy importante porque el apego desorganizado suele hacer que la gente se sienta aislada.

El apego desorganizado puede hacer que las personas se sientan solas porque no saben cómo estar cerca. Puedes sentir que no te mereces nada mejor y puede que te digas a ti mismo que tu pareja no se preocupa por ti en absoluto.

Esto te hace sentir inseguro y te preocupa que tu pareja se aburra de ti y te deje, lo que hace más difícil que te sientas cercano y vulnerable con otra persona. Puedes sentirte más unido a tu pareja cuando no hay problemas que no puedan resolverse.

Esto es exactamente lo que significa una relación sana: ser abierto y honesto sobre sus sentimientos, comprender las emociones del otro, ver las cosas dolorosas que sucedieron en el pasado y trabajar hacia un futuro que sea brillante y seguro para ambos.

## Estrategias para ayudar al corazón de tu pareja

Muchas personas tienen problemas para entender los problemas que surgen cuando su pareja M sufre de apego desorganizado. Es importante que las parejas hagan lo posible por dar sentido a estos desafíos. Cada relación es diferente, sin embargo, hay cosas que muchas parejas pueden aprender unas de otras para poder navegar por estos problemas de manera más efectiva.

Las parejas del pasado han utilizado estas habilidades y estrategias con gran éxito. Les recomiendo encarecidamente que las comprueben ustedes mismos para ver si también les funcionan.

### 1) Empatizar

Discusión: Para mejorar es importante que la pareja desorganizada se sienta escuchada. Necesita empatía y compasión. Dedicar tiempo a comprender su experiencia puede ayudarles a gestionar su estrés de una forma más saludable.

. . .

Ejercicios: Escuchar por turnos lo que dice el otro, oír y comprender realmente lo que expresa.

Además, habla de lo que sientes en tu cuerpo mientras escuchas. ¿Cómo están tus manos? ¿En la cara? ¿Qué notas?

Esto le ayudará a entender la información de una manera mucho más profunda que simplemente escuchar las palabras. Las palabras que escuchas son importantes, pero también hay mucha información en el cuerpo.

## 2) Desarrollar la autocompasión

Discusión: Tienes que ser amable contigo mismo para poder ayudar a tu pareja. Es importante que sientas que puedes cuidarte a ti mismo y usar esa autocompasión para que tu pareja pueda ser apoyada.

Ejercicios: Tómate un tiempo para respirar y permitirte relajarte completamente. Ponga las manos en su corazón y note lo que sucede allí. ¿Cómo es para ti? Puede que te resulte útil escribir sobre ello, hablar de ello o escribir en un diario sobre ello.

Después, discute cómo puedes dedicar tiempo a sentir compasión por ti mismo y también por tu pareja.

. . .

**3) Comprenda los deseos de su pareja cuando se trata de su tiempo y espacio de discusión:** Es probable que el estilo de apego de su pareja le haga sentirse incómodo en su propia piel. Es posible que se sienta increíblemente cohibido debido a esta incomodidad.

Ejercicios: Determina cuándo se satisfacen las necesidades de tiempo y espacio de tu pareja. ¿Qué parece que hacen bien? ¿Qué es difícil? ¿Qué es lo que les hace sentirse cómodos en su propia piel?

Después de esto, responsabilícense mutuamente de adoptar algunas de las estrategias que funcionan y de no adoptar las que no funcionan.

Además, hablad de lo que significa el tiempo y el espacio para cada uno, de modo que podáis ayudaros mutuamente a entender lo importante que es para vosotros satisfacer esas necesidades.

**4) Discute cómo se siente estar en una relación desequilibrada.**
Discusión: Una de las cosas más importantes que puedes

hacer es discutir con tu pareja lo que cada uno necesita para sentir que todo es justo.

Ejercicios: Habla de lo que se siente cuando una persona hace la mayor parte del trabajo. ¿Qué sientes cuando sientes que estás haciendo todo el trabajo?

## 5) **Examine el estilo de apego de su pareja.**

Discusión: Esta es una de las cosas más cruciales que hay que entender cuando se trata de la desorganización y el impacto que tiene en su relación.

Ejercicios: Identifica qué tipo de estilo de apego tiene tu pareja. Esto también te ayudará a entender por lo que probablemente esté pasando emocionalmente.

## 6) **Separar el comportamiento de la persona**

Discusión: ¿Qué sientes ante el comportamiento de tu pareja? ¿Son capaces de separar ese comportamiento de cómo son como persona? ¿Pueden sentir compasión por ellos mismos y encontrar formas de ayudarse?

. . .

Ejercicios: Tómate un momento para imaginar cómo te sentirías si tu pareja actuara así contigo.

¿Cómo te sentirías tú? ¿Cómo te sentirías si te hicieran lo mismo con otra persona?

### 7) **Sepa que usted está en el asiento del conductor**

Discusión: Es importante saber que puedes elegir cómo van a funcionar las cosas. Recuerda que estás a cargo de tu propia vida.

Ejercicios: Cuanto más poder le des a tu pareja, más controladora se volverá. Tienes que saber qué es lo mejor para ti y cómo hay que manejar las cosas para que todos se sientan apoyados y atendidos.

### 8) **Tómese tiempo para el autocuidado**

Discusión: Es importante tener tiempo para uno mismo para poder recuperar el equilibrio.

Haga ejercicio: Asegúrate de sacar siempre tiempo para ti para realizar tus propias actividades terapéuticas. Esto es algo que te ayudará a la hora de lidiar con una pareja desorganizada.

. . .

## 9) Ayude a su pareja a entender que el cambio es posible.

Discusión: A menudo, cuando una persona tiene un estilo de apego desorganizado, la otra persona siente que está fallando junto con ella.

Ejercicio: Pida a su pareja que analice todos los aspectos positivos de su relación y que se centre en cómo le ayudan a sentirse exitoso.

## 10) Averigua cuáles son las necesidades de tu pareja.

Discusión: Haz una lista de cosas que tu pareja necesita para sentirse mejor.

Haz ejercicio: ¿Hay alguna forma de ayudar a tu pareja a sentirse más segura en la relación?

## 11) Asegúrese de que se siente apoyado por su pareja.

Discusión: Si tu pareja siente que no puede apoyarte, puede intentar sabotearte.

. . .

Haz ejercicio: Haz lo que puedas para que todos se sientan apoyados y no criticados o avergonzados por su comportamiento.

## 12) Trabajar juntos para alcanzar los objetivos de cada uno.

Discusión: Lo más importante es que ambas personas de la relación sientan que sus necesidades están cubiertas. A veces nos olvidamos de dar un paso atrás y observar realmente cómo se siente nuestra pareja.

Ejercicio: Habla con tu pareja sobre lo que quieres que mejore; ¿qué cosas deben cambiar? ¿Qué pueden hacer juntos para realizar esos cambios?

## 13) Tómate un tiempo para conseguir el apoyo que necesitas.

Discusión: Es importante que sepas que no todo el mundo va a entenderte ni a tu forma de sentir. Céntrate en un número reducido de personas que te ayuden en este proceso y te faciliten las cosas.

Haga esto: Asegúrese de que ambos saben que está bien buscar terapia como pareja. No tengas miedo de hacer lo necesario para tener éxito en tu relación.

. . .

## ¿Cómo puedo controlar mis reacciones emocionales o físicas en torno a una relación de apego desorganizada?

Puede ser difícil gestionar los sentimientos que surgen de un apego caótico y desorganizado. Las reacciones de miedo, ansiedad y confusión son habituales en estos casos. Siga leyendo para saber más sobre lo que puede hacer falta para superar estas respuestas y evitar más daños causados por la persona a la que cuida.

Una evaluación de tu propio estilo de apego es una forma eficaz de aprender cómo reaccionas mejor a las relaciones desorganizadas y los efectos que estas respuestas tienen en tu sistema cuerpo-mente. Tus sentimientos de apego adquieren fuerza gracias a las personas de las que te rodeas.

Cuanto más fácil te resulte confiar en ellas y depender de ellas, mejor manejarás las cosas. Cuanto menos puedas confiar y depender de ellas, más difícil te resultará manejarlas.

Vale la pena señalar que muchas de las sugerencias para tratar los problemas de apego en este capítulo están dirigidas a ayudar tanto a las personas que tienen una relación desorganizada como a quienes las cuidan. Las siguientes estrategias tienen como objetivo hacer que tu propia vida sea más manejable y te permita cuidar de ti mismo. Estas ideas

pueden ayudarle a regular sus sentimientos y su comportamiento, a mejorar su sensación de autoestima y libertad, y a
aumentar sus posibilidades de encontrar una relación más
beneficiosa.

## 1. Permitirse tener sentimientos

Es fácil descartar nuestras emociones negativas por ser
"irracionales" o "irreales". Sólo son respuestas emocionales a
las cosas que percibimos que suceden a nuestro alrededor.

La ira, la tristeza, el miedo, la ansiedad... Son respuestas
racionales a lo que ha sucedido o a lo que podría suceder en
el futuro, basadas en nuestras experiencias y expectativas.

Cuando tratamos de alejar sentimientos no deseados,
nuestras definiciones internas de la realidad pueden verse
afectadas. Puede ser difícil que las cosas salgan como queremos. Hacemos esfuerzos compulsivos e irracionales para
hacer un trueque con nosotros mismos por las cosas que
queremos, sin estar dispuestos a rendirnos a la lucha y
utilizar nuestros sentimientos como maestros.

Es importante que, cuando experimentemos emociones
negativas causadas por la ruptura de una relación, permi-

tamos que surjan los sentimientos. Permítase sentir lo que siente, en toda su complejidad, en todas sus contradicciones.

Cuando nos permitimos ser contradictorios, las contradicciones se vuelven menos intensas y más fáciles de soportar, No es fácil mantener dos pensamientos o sentimientos opuestos en la mente al mismo tiempo, pero puede ayudarnos a tolerar nuestra propia intensidad y conflicto interior.

## 2. Aceptar que se tienen necesidades

Cuando las personas en una relación desorganizada se sienten emocionalmente angustiadas, suelen preguntarse qué están haciendo para merecerlo. Del mismo modo, cuando la pareja se angustia emocionalmente, puede decir cosas como "es muy egoísta", "debo estar haciendo algo mal", "simplemente no le importa" o "debe estar buscando problemas".

La autocompasión encubierta es una práctica que nos permite valorar nuestras necesidades sin devaluarnos. Cuando vemos que nuestras necesidades son importantes, no "débiles", entonces podemos aplicarnos a nosotros mismos la misma compasión que utilizaríamos para tratar a un amigo o familiar.

En una relación desorganizada, nuestra pareja suele carecer de poder y su naturaleza autocompasiva puede verse afectada. Esto puede hacer que se sientan más afligidos emocionalmente de lo que podrían estar. También puede dificultar que empaticen con nosotros. Así que, en estas circunstancias, es útil ofrecernos oportunidades para practicar la autocompasión. Cuando lo hacemos, nuestra angustia puede disminuir y somos más capaces de crear cambios constructivos en la relación.

## 3. Practicar el autocuidado

Centrar la atención en todo lo que está mal o es perjudicial en una relación desorganizada refuerza los sentimientos de miedo, dolor y temor. También puede hacernos sentir más indefensos de lo que ya estamos o hacernos desistir de intentar cambiar las cosas para mejor.

Si podemos ser conscientes de nuestras "vibraciones internas" y gestionarlas activamente, empezamos a abordar lo que sentimos sobre nosotros mismos y la situación.

Podría darnos una sensación de control sobre los sentimientos de terror, y nos anima a defendernos.

Las cosas pueden sentirse mal, pero eso no significa que sean malas o que haya algo malo en nosotros. Tenemos todo el derecho a estar enfadados, tristes y asustados, siempre que podamos respetar esas emociones sin empeorarlas.

. . .

## 4. Hacer la relación más compasiva

Las personas con relaciones desorganizadas pueden ser incapaces de satisfacer sus necesidades o las expectativas de su pareja. Esto puede llevarles a sentirse impotentes o desesperanzados respecto a lo que pueden hacer para mejorar la situación, por lo que pueden renunciar por completo a la esperanza y tratar de protegerse para no sentir tanto dolor como sea posible. Si no tiene una forma segura de comunicar sus preocupaciones sin ser juzgado con dureza, es mejor evitarlo todo.

La compasión permite ofrecer tus preocupaciones sin hacer que los demás se sientan mal consigo mismos o se enfaden contigo. Es una forma de acercarse a otras personas sin necesidad de tener siempre el control.

Expresar tus pensamientos y sentimientos de forma compasiva te ayudará a sobrellevar mejor una relación emocionalmente restrictiva. También puede ayudar a tu pareja a ser más compasiva contigo.

## 5. Dejar de lado el deseo de seguridad

No puedes controlar a los demás y no puedes evitar que cometan errores. Estas cosas forman parte de la condición humana.

.  .  .

En una relación desorganizada, puede costarnos soltar nuestros apegos porque nos sentimos inseguros y dependemos de nuestra pareja para sentirnos seguros, o porque tenemos sentimientos de inadecuación que nos dificultan hacer valer nuestras necesidades y deseos.

La parte importante de cuidar de ti mismo en una relación desorganizada es estar dispuesto y ser capaz de expresar tus emociones sin que tu pareja te hiera o te haga sentir mal.

Hay límites a lo que puedes controlar en estas circunstancias, pero puedes tomar algunas decisiones sobre cómo responder y reaccionar.

## 6. Mantener el optimismo

Si creemos que no podremos cambiar la situación, también podemos creer que las cosas seguirán como están, lo que refuerza la sensación de desesperanza e impotencia.

Podemos ver la incertidumbre y la falta de control como un reto. Tenemos que tomar la decisión de creer que podemos crear nuevas formas de relacionarnos, en lugar de desapegarnos o volvernos cínicos sobre nuestra situación.

.  .  .

Mientras haya esperanza, seremos capaces de tolerar nuestra angustia y aprender de ella. El optimismo no es lo mismo que el "pensamiento positivo". Significa que eres consciente de los problemas de tu relación pero estás dispuesto a seguir intentando revertir sus efectos.

## 7. Aceptar lo que es

Puede ser útil recordar que sólo podemos cambiarnos a nosotros mismos, no a los demás. No podemos cambiar la forma en que se sienten y no podemos cambiar el pasado.

Si llevas mucho tiempo en una relación, no es fácil aceptar que hay cosas que no puedes cambiar. Puede ser más fácil aferrarse a nuestra impaciencia con la pareja, pero cuando lo hacemos es probable que nos sintamos cada vez más frustrados e impotentes por lo que hacen o dejan de hacer.

## 8. Encontrar formas de gestionar nuestra angustia

Si te encuentras más emocionado y preocupado, puedes utilizar tu tiempo de forma más productiva en una relación desorganizada si decides hacer algunos cambios.

Practicar un autocuidado realista o dejar de lado el deseo de una relación segura puede ayudarte a manejar tus sentimientos de forma más eficaz en estas circunstancias.

. . .

Es posible que tengamos que desarrollar nuevas estrategias para afrontar los efectos de la desorganización en nuestras relaciones. Tenemos que estar abiertos a probar nuevas formas de abordar nuestra angustia relacionada con el hecho de que no se satisfagan nuestras necesidades o de que nos traten mal.

## 9. Encontrar formas de hacer valer sus necesidades

Podemos decidir cómo queremos comportarnos y qué queremos hacer en una relación desorganizada, pero eso no significa que vaya a cambiar la forma de actuar o lo que hacen los demás. No hay garantía de que la persona que te preocupa vaya a cambiar su comportamiento, pero tú sigues siendo responsable de tus propias elecciones y acciones.

Cuando nos sentimos impotentes, es importante asumir la responsabilidad de cómo reaccionamos ante esta situación. Si te sientes frustrado o enfadado con alguien en una relación desorganizada, es importante que satisfagas tus necesidades. Si no estás recibiendo lo que necesitas de ellos o no te están tratando bien, puede ser un momento adecuado para hacerles saber que estás descontento por cómo van las cosas.

Ser asertivo puede ser una forma de demostrar qué tipo de relación quieres con otras personas. Puedes optar por demostrar cómo quieres que te traten, aunque no te den lo que necesitas.

## 10. Crear un lugar seguro para sus sentimientos

Cuando nos sentimos heridos o molestos por una relación desorganizada, nos ayuda saber que podremos encontrar una forma de afrontar nuestra angustia. Esto nos dará el espacio necesario para explorar formas de gestionar nuestros sentimientos o hacer cambios sin sentirnos abrumados o desesperados sobre lo que podemos hacer.

Crear un lugar seguro para expresar nuestros sentimientos muestra a los demás cómo nos sentimos y ayuda a obtener su apoyo. Puede que necesites pedir ayuda si te sientes abrumado o asustado por los efectos de la desorganización en tu relación. Quizá quieras hablar directamente con alguien de confianza o buscar apoyo en Internet, siempre que sea seguro hacerlo.

## 11. Protegerse de los abusos

Incluso si estás recibiendo la respuesta que quieres de otra persona, es importante que pienses en tu propia seguridad y te protejas. Si no respetan tus necesidades o deseos, es importante saber cuándo tienes que actuar para protegerte del abuso.

· · ·

## 12. Establecer los límites

No tenemos el poder de cambiar el comportamiento de otra persona, pero podemos cambiar lo que hacemos, lo que también cambiará cómo nos sentimos respecto a lo que ocurre en nuestras relaciones. Aprender a poner límites forma parte de asumir la responsabilidad de nosotros mismos y de nuestro comportamiento en una relación desorganizada. A veces no hay nada que podamos hacer para cambiar la situación, pero podemos tomar el control de cómo reaccionamos ante ella.

Esto puede significar que tenemos que reflexionar sobre cómo queremos que nos traten nuestros amigos o parejas. Al establecer límites, estamos comunicando nuestras necesidades y preferencias con mayor claridad.

No siempre es fácil determinar los límites que debemos establecer con los amigos o la familia cuando su comportamiento nos hace sentir impotentes o indefensos. Podemos hablar con alguien en quien confiemos sobre lo que esto significa para nosotros.

## 13. Reconocer que las cosas pueden cambiar

Aunque seamos desorganizados en nuestras relaciones, no significa necesariamente que las cosas vayan a seguir siempre así. Es posible cambiar nuestra vida y hacer una mejor elección la próxima vez que estemos en una relación.

. . .

Si tenemos opciones limitadas o no sabemos cómo conseguir lo que queremos, puede ser abrumador. Ayuda recordar que siempre hay opciones, aunque ahora mismo puedan parecer imposibles.

La buena noticia es que la desorganización no tiene por qué durar siempre y no significa que estés condenado a permanecer en tu relación actual. Puedes empezar a hacer cambios ahora y seguir avanzando en el futuro.

# 8

## Relación tóxica / cuando es el momento de dejar una relación

### Cosas que debes saber para dejar una relación tóxica

Antes de dar el paso decisivo de dejar una relación tóxica, hay algunas cosas que debes saber. Conocerlas hará que el proceso de ruptura sea mucho más fácil para ti, para que no te pille desprevenido.

### El daño tarda en curarse

Si has estado en una relación tóxica durante mucho tiempo, puede ser difícil para ti quererte a ti mismo. Debido a los constantes abusos emocionales y físicos por los que has pasado, crees que tienes la culpa y te odias por ello. Es posible que tu pareja te haya dicho por qué necesitas ayuda, tal vez diciendo que eres emocionalmente inestable y estás loca.

Después de oírlo durante tanto tiempo, te lo crees con el tiempo. Esto puede haberte quitado tu autoestima, y no importa lo que hagas, siempre recordarás estas cosas. Al final, cuando estés preparado para seguir adelante y dejarlo ir, empezarás a quererte a ti mismo y poco a poco te olvidarás de ellos.

## Es posible que quieras volver

Las parejas tóxicas son excelentes manipuladores. Conocen tus debilidades y lo que quieres. Se asegurarán de que pienses en ellos estés donde estés, tratándote con cariño y amabilidad al principio de vuestra relación. Aunque los hayas dejado durante un tiempo, sigues recordando los momentos románticos que compartisteis y te sientes tentada de volver. Y lo que es peor, puedes sentirte avergonzada por sentirte así. Sin embargo, tienes que saber que está bien sentirse así, pero que si le das tiempo, te curarás por completo.

## La decisión puede venir de cualquier parte

Puede ser difícil detectar comportamientos poco saludables en tu relación después de pasar años en ella. Por esta razón, es posible que no seas tú quien desencadene la decisión de romper.

Es probable que tus amigos y seres queridos no se alegren de verte sufrir y te hagan una recomendación, pero no estás seguro de que sea la correcta. Puede que no entiendas lo que los demás ven porque tienes los ojos vendados por el amor.

Incluso en una situación en la que te estás preparando para terminar la relación, puedes creer que los otros individuos de tu vida están siendo demasiado dramáticos o exagerando las cosas.

También es posible que veas la verdad en lo que intentan decirte. Sin embargo, con la continua presión de ellos, puede acabar tomando la decisión de dejarlo de todos modos. La decisión de irse puede ser provocada desde cualquier lugar. Esto no es importante. Lo esencial es que tomes la decisión.

**Puede que no entiendas lo que es normal durante algún tiempo**

. . .

Debido al tipo de ambiente al que te has acostumbrado en tu relación tóxica, creerás que las discusiones y la violencia son una parte normal de una relación. Sólo llegarás a entender qué es un comportamiento normal cuando hables con tu familia, tus amigos y tu terapeuta. Este proceso puede llevar tiempo, pero al final lo entenderás.

Los individuos tóxicos intentan continuamente enseñarte una definición errónea de lo que es normal, pero tener el conjunto adecuado de personas en tu vida puede mostrarte lo que es realmente normal.

## Puedes acabar de nuevo en una relación tóxica

Dejar una relación tóxica y acabar en otra puede ser muy devastador. Pero hay muchas posibilidades de que ocurra.

Hay numerosas personas tóxicas en este mundo, y es posible que te cruces con una o varias de ellas mientras intentas seguir adelante. En nuestra búsqueda por volver a encontrar la felicidad, debemos intentar, en la medida de lo posible, sanar por completo y reconocer los comportamientos tóxicos para evitar que se repitan los acontecimientos. Esto se debe a que las personas que tienden a caer de nuevo en relaciones tóxicas después de salir de una son aquellas que no se toman el tiempo necesario para aprender, reajustarse y recuperarse.

. . .

Cuando entendemos realmente lo que significa la toxicidad y lo que debemos esperar de las relaciones saludables, entonces sabemos cómo evitarlas.

## Puede haber peligro asociado a las relaciones tóxicas al dejarlas

Cualquier pareja que pueda abusar de ti emocionalmente puede llegar a ser física, aunque no sea lo habitual. Algunas parejas tóxicas son buenas en el abuso emocional, mientras que otras pueden llegar a ser físicamente violentas. Algunos pueden tener un arma a su disposición y reaccionar de forma aterradora cada vez que quieras marcharte. Tienes que estar atento y ser inteligente. Si una pareja violenta y tóxica se entera de que quieres romper con ella, puede perder la cabeza e intentar causarte daño.

Por tanto, mantente a salvo buscando ayuda si puedes. Para ello, avisa a tus amigos y familiares antes de dar un paso, o llama a la policía. Y si sabes que estás tratando con una pareja extraordinariamente violenta, rompe en un entorno abierto y aléjate para siempre.

Independientemente de la opción que elijas, asegúrate de que tu seguridad es una prioridad cuando intentes marcharte.

. . .

## Irse puede ser la mejor decisión para usted

Dejar una relación tóxica puede cambiar tu vida por completo. Tendrás la oportunidad de trabajar para ser un mejor tú y descubrir tu pasión. Podrás vivir una vida de paz, felicidad y amor. Aunque a veces sientas el dolor, sólo es parte de tu proceso de curación, y lo superarás.

De hecho, puede que no aprecies el hecho de haber dejado atrás la vida tóxica hasta años después de haberla dejado. Para entonces, podrás volver a encontrar el amor y serás imparable.

## Es posible que la gente no entienda su decisión

Una relación tóxica es difícil de explicar a las personas que no la han vivido. Estas personas pueden no entender por qué te vas y no apoyarán tu decisión. Las parejas tóxicas manipuladoras suelen saber cómo quedar bien a los ojos de las personas ajenas a la relación, especialmente los amigos y los seres queridos. Para muchas personas, su relación es perfecta y todos la idealizan. Esto hace que sea comprensible que muchos no entiendan tus razones para dejarlo.

. . .

Cuéntales todo sin omitir nada. Si no están dispuestos a escuchar, déjales con la esperanza de que entiendan tu razón para dejarlo años después. Recuerda que eres tú quien sabe dónde te duele, así que tienes que pensar en ti y en tu cordura antes que en la de los demás.

## Dejar a una pareja tóxica te hace sentir bien

Experimentarás el aura de frescura que supone dejar la toxicidad. Nunca más tendrás que vigilar tus pasos porque tienes miedo de hacer enfadar a tu pareja. Estarás libre de todo el acoso y los insultos. También podrás hacer lo que quieras sin miedo a que te juzgue la persona que amas. Sólo tienes que sentirte bien y ser feliz. Cierra los ojos y abraza la sensación de frescura del aire. Te mereces ser feliz, así que deberías serlo.

Ahora que entiendes algunas de las dificultades a las que puedes enfrentarte, vamos a desglosar los pasos que hay que seguir para dejar una relación tóxica para siempre.

## Dejar una relación tóxica

Dejar una relación tóxica no es fácil, y si estás en una, recuerda que no es tu culpa. Sin embargo, como hemos dicho antes, es posible dejarlo, y los beneficios que conlleva son enormes. Podrás disfrutar de una vida de libertad según tus reglas, en un entorno sin manipulación ni abusos.

Hay algunas medidas prácticas que debe poner en marcha de antemano, para que el proceso de salida sea menos complicado y más seguro.

Poner en marcha un plan de seguridad: Cuando se deja una relación tóxica, especialmente una que implica abuso, es crucial planificar su seguridad. Esto es esencial porque nunca se puede saber cómo puede reaccionar una pareja tóxica despechada cuando te vas. Muchos de ellos no son predecibles, y aunque sientas que no es una necesidad, esto es algo que no debes pasar por alto. Para muchas víctimas de relaciones tóxicas, uno de los períodos más peligrosos es cuando deciden irse. Deja que tu seguridad sea tu prioridad.

Crea un plan con un profesional o alguien cercano a ti.

Consiga un lugar privado y seguro para residir: Esto sigue siendo una parte de la seguridad. Necesitas un lugar seguro para quedarte que sea desconocido por tu pareja tóxica.

Esto es aún más necesario si hay niños en la ecuación. El lugar puede ser con un ser querido, un amigo o un refugio para víctimas de la violencia doméstica. Para garantizar la confidencialidad del lugar elegido, lo mejor es mantener los planes en secreto para ti y para algunos familiares de confianza. En un intento de ayudar, muchos seres queridos que tienen su mejor interés en mente pueden divulgar esta información a su pareja tóxica sin saberlo. Es posible que muchos no entiendan la gravedad del problema y traten de arreglarlo a su manera. Al final, los resultados pueden ser más perjudiciales que positivos.

Registra todo: Muchas parejas tóxicas intentan acercarse a sus víctimas en un intento de recuperarlas. En el proceso, pueden recurrir a las amenazas, el abuso y la manipulación.

Haz todo lo posible por restringir la forma de comunicarte con tu ex una vez que se haya ido. Asegúrate de llevar un registro de todas las conversaciones que mantengas. Anota la hora y las fechas. Todo esto será vital si alguna vez te metes en una batalla por la custodia de tus hijos, que es una estrategia comúnmente utilizada por muchas parejas tóxicas.

Solicite una orden de alejamiento si es necesario: Esta no es una opción perfecta, sin embargo, una orden de restricción puede disuadir a muchas parejas tóxicas, especialmente a los abusadores físicos. También es una buena manera de dejar constancia de las experiencias que has tenido con tu pareja tóxica. Este tipo de registro puede ser útil si el asunto llega a los tribunales.

.  .  .

Consiga ayuda para el cuidado de los niños si hay niños de por medio: Desarraigar tu vida con niños puede ser difícil.

Sin embargo, contar con apoyo puede ser una gran ventaja.

Independientemente de si recibe ayuda de un amigo, una niñera o una guardería, asegúrese de que siempre haya alguien a quien pueda llamar en caso de emergencia. Puede haber cosas que requieran tu atención y que sean imposibles de atender si eres la única que cuida de tus hijos. Poner en orden tus finanzas.

Una estrategia comúnmente utilizada por muchas parejas tóxicas es abusar de sus víctimas financieramente. Se apresuran a cerrar las cuentas compartidas o se aseguran de que la víctima no tenga acceso a los fondos en caso de necesidad. Esto asegura que la víctima esté directamente bajo su control. Debido a esto, se vuelve crucial tener algún tipo de respaldo financiero lejos de su pareja antes de irse.

A continuación, le explicaremos algunas formas de conseguirlo:

Ahorre y ahorre aún más: Antes de dar el paso de marcharse, asegúrese de tener fondos en su cuenta. Esta cuenta debe estar únicamente a su nombre y no en una cuenta conjunta con su pareja. Además, puede ser útil conseguir algunas tarjetas de crédito que te pertenezcan sólo a ti. Todo esto puede ser útil si tiene que marcharse a toda prisa.

Si puedes, accede a un préstamo. Es una excelente opción porque tu pareja no necesita saberlo ni tener acceso a él. Puedes obtener préstamos de familiares, amigos y otras fuentes seguras.

Además, busca otros medios para conseguir dinero en efectivo a los que tu pareja no tenga acceso ni información.

Mejor aún, si tienes un trabajo remunerado, puedes dirigirte a tu departamento de Recursos Humanos para que envíe una parte de tu sueldo automáticamente a otra cuenta.

También es posible que su departamento le ayude a modificar sus finanzas, para que pueda obtener más dinero invertido o ahorrado con cada cheque de pago. Hay numerosas formas de conseguir dinero para ahorrar, y lo único que tienes que hacer es buscar la opción que más te convenga.

·  ·  ·

Haga copias de los documentos vitales: Haga copias de todos los documentos relacionados con sus finanzas. Estos podrían ir desde los títulos de sus vehículos, extractos bancarios, declaraciones de impuestos, información de préstamos y estados de inversión, entre otros. Puedes utilizar un escáner para hacer copias virtuales y guardarlas en la nube o en una unidad de Google. Asegúrate de hacerlo en una unidad a la que sólo tú tengas acceso. De este modo, podrás obtener copias de estos documentos en cualquier lugar del mundo al que decidas ir.

Crear una nueva cuenta bancaria: Abra una nueva cuenta bancaria de la que su pareja no tenga conocimiento.

Para ello, necesitarás una nueva dirección de correo electrónico y postal de la que tu pareja tóxica no tenga información. Si su pareja conoce su cuenta anterior y tiene acceso a ella, una buena opción será ponerse en contacto con su banco y modificar sus preguntas de seguridad. Es posible utilizar una pregunta de la que sólo tú conozcas la respuesta y así te asegurarás de que sólo tú tienes acceso a esta cuenta.

Además, saca todos tus objetos privados de cualquier caja de depósito que ambos hayan utilizado. Dirígete a otro banco y haz una caja de depósito propia. En ella podrás colocar todos los documentos vitales y valiosos que puedan ser útiles más adelante.

. . .

Contrate los servicios de un asesor financiero: Si es posible, contrate la ayuda de un asesor financiero con licencia, que pueda atender solo sus necesidades. Ellos pueden animarle durante sus tiempos muertos. Si no tiene los recursos para contratar a un experto, hay literatura y clases financieras que puede aprovechar en su biblioteca local.

Incluso los amigos y miembros de su familia que son grandes conocedores de las finanzas pueden ser de ayuda. Independientemente de dónde te encuentres, seguro que hay alguien que tiene mucha experiencia en temas relacionados con el dinero. Puede ser un compañero de trabajo, un familiar o un ser querido. Encuentre la manera de ponerse en contacto con ellos y obtener la ayuda que necesita.

Después de poner en marcha todo lo que necesitas, a continuación se indican algunos pasos más que pueden garantizar que dejar tu relación tóxica sea menos complicado:

## Sea firme en su decisión de irse

A menudo, echamos de menos a las personas cuando las dejamos, y esto es normal. Las partes malas de nuestras relaciones suelen olvidarse, mientras que las buenas son las más recordadas. Incluso hay veces que deseamos que la persona siga en nuestra vida porque no podemos soportar su ausencia. Por eso es necesario reflexionar profundamente antes de tomar una decisión.

Tienes que estar seguro de que estás preparado para hacerlo y tratar en lo posible de mantener tu decisión. Recuérdate siempre lo que vas a ganar dejándolo y por qué es la mejor opción para ti. Si te ves incapaz de manejarlo solo, confía en tu terapeuta, en un amigo cercano o en tu familia.

Hazles saber lo que piensas y por qué los necesitas ahora más que nunca. Ellos están ahí para darte el apoyo que necesitas, pero tú debes mantenerte firme y mantener tu decisión.

## No olvides quererte a ti mismo

Quererte a ti mismo es lo más importante en este momento, y no deberías comprometerlo por nada. Tu felicidad debe ser lo primero en todo lo que hagas. Ni siquiera tienes que volver a hablar con la persona con la que rompiste si no merece la pena. Lo que importa es tu felicidad, y debes asociarte sólo con lo que te hace feliz.

· · ·

No puedes encontrar el amor en una relación insana, por lo que dejar una relación así significa que te quieres a ti mismo y que te estás poniendo en primer lugar. A veces, quererse a uno mismo pasa por dejarse llevar. En lugar de aferrarte a una relación que claramente no está funcionando, pasa el tiempo haciendo cosas que te gustan. Así que, ámate a ti mismo, y empezarás a atraer relaciones más felices y saludables.

## EJERCICIOS DE TERAPIA DE PAREJA

### Una relación sana mejora la vida

Piensa, por un momento, en el estrés y el sufrimiento que experimentas cuando vives con conflictos. Así, tu vida mejora cuando aspiras a la armonía en tu relación.

Este ejercicio es una forma de autodiagnóstico que le ayudará a saber más concretamente qué es lo que tiene que mejorar para conseguir la armonía en su relación.

Te animo a que realices los ejercicios junto con tu pareja, y luego utilices la evaluación para mejorar.

. . .

Anote un porcentaje entre el 0% y el 100% para cada uno de los siguientes aspectos (el 0% es nunca o poco y el 100% siempre o mucho):

Su capacidad para hablar y participar en los intercambios:

Su capacidad de escuchar a los demás:

Su capacidad de empatía (ponerse en el lugar de la otra persona e intentar comprender su punto de vista):

Su capacidad para apoyarse mutuamente en las dificultades:

Su capacidad de expresar su gratitud, su amor, etc:

Su capacidad para abordar el tema de su relación con el otro para mejorarla:

Una vez que haya establecido un porcentaje, céntrese en mejorar los que tengan la puntuación más baja.

Preguntas para identificar los puntos fuertes y débiles de su relación.

Las respuestas a cada una de estas preguntas le ayudarán a tomar conciencia de los elementos positivos de su relación por los que puede mantener la gratitud, así como a identificar las carencias en las que pueden trabajar juntos.

¿Qué es lo que más te gusta de tu relación? ¿Qué echas en falta? ¿Con qué no estáis satisfechos?

¿Cuál es su grado de intimidad y afecto como pareja? ¿Te satisface este grado? Una vez contestadas estas preguntas, aquí tienes otras estrategias que te ayudarán a alimentar tu deseo de ser feliz en tu relación y hacer que tu amor sea duradero. La buena noticia es que es posible. Por supuesto, implica un trabajo duro, no siempre parecerá magia, pero es muy posible desarrollar nuevas habilidades y ser felices juntos.

## Enamorarse de uno mismo

Es imposible ser feliz en pareja si no se es feliz primero con uno mismo. El amor hay que ofrecérselo en primer lugar a uno mismo. Enamórate de tu propia vida. Sé feliz con la persona que eres. Conócete a ti mismo y acéptate tal y como eres. Desarrolla una hermosa intimidad con tu mundo interior. Siéntete seguro, fuerte y orgulloso de ser quien eres, es un reto, pero también es fundamental. Aprende a saborear tu propia presencia.

Cuanto más rico seas en tu propia vida y estés bañado en la energía de la benevolencia hacia ti mismo, más verdadero y profundo será tu amor por los demás. Así, puedes decir sin dudar que el amor que ofreces es proporcional al amor que tienes por ti mismo. Sin este primer movimiento de gratitud y ternura hacia ti mismo, corres el riesgo de buscar una pareja que llene el vacío o la carencia que ves en ti. Dos personas íntegras que se unen forman una relación mejor que dos personas que buscan llenar un vacío.

· · ·

## El amor es un compromiso más que un sentimiento

El amor en una relación sana y sostenible es más que mariposas en el vientre y chispas en los ojos. Con demasiada frecuencia, tenemos una visión idílica del amor romántico.

Se piensa que el amor, a primera vista, es la garantía de una relación que durará para siempre. Que la pasión debe mantenerse a toda costa, con total intensidad; de lo contrario, concluimos que el amor ya no existe y que la ruptura es inevitable.

El verdadero amor no proviene de una reacción química en el cerebro ni de unas hormonas enloquecidas. Viene de un esfuerzo dedicado a apreciar al otro incluso cuando parece que la "chispa" ya no está ahí.

El verdadero amor puede pasar de los sentimientos exaltados del principio a una compañía sólida y estable en la vida diaria y ordinaria. Invertir en una relación feliz y nutrida requiere esfuerzo, determinación y perseverancia.

Es importante recordar que el amor satisface una de nuestras necesidades básicas: sentirnos seguros emocionalmente. Así, cuando el amor es el resultado de un compromiso mutuo, se convierte en algo muy seguro. Esta seguridad les permite a usted y a su pareja atravesar juntos las pruebas de la vida y saber que cada uno tiene a alguien en quien apoyarse.

## Invertir en la relación

Un amor comprometido es un amor en el que se invierte profundamente en la relación. Se podría comparar la relación con una planta. Si queremos que esté bonita y sana, debemos cuidarla (regarla, ponerla a la luz, replantearla de vez en cuando, etc.).

Lo mismo ocurre con las relaciones. Hay que mantenerla para que siga viva y pueda crecer y evolucionar. Con demasiada frecuencia, las parejas ponen fin a su relación porque no la han cuidado lo suficiente. No es el amor lo que ha fallado; es el esfuerzo. Es un problema de negligencia.

Al igual que la planta, una relación sin mantenimiento se desvanece, se marchita y finalmente muere.

Para tener éxito en tus relaciones, es esencial dedicarles tiempo y energía. Con demasiada facilidad damos por sentada a la otra persona. Nos dejamos llevar por la rutina y los negocios de la vida. Nuestra agenda está tan llena que ya no hay espacio para dedicar simplemente tiempo a compartir y estar juntos. Esto crea inevitablemente un empobrecimiento emocional y debilita la conexión.

Aquí tienes algunos consejos para alimentar tu relación:

Realiza actividades especiales en pareja al menos una vez al mes.

Trabajar juntos en proyectos.

Cuidaros mutuamente con pequeños detalles, manjares y sorpresas.

Exprese regularmente su gratitud, su afecto y su compromiso con su ser querido.

## Comunicación auténtica

La comunicación efectiva es una clave esencial para una vida amorosa satisfactoria. Cuanto más creéis tú y tu amante un clima emocional de confianza y seguridad entre vosotros, más revelaciones serán posibles.

Pero es, entre otras cosas, la profundidad de los intercambios lo que los une a ambos y fomenta la intimidad. Puedes hablar de la lluvia y el buen tiempo con tus colegas y amigos, pero busca algo más significativo con tu pareja.

· · ·

Este tipo de intercambio, impregnado de autenticidad y profundidad, nos acerca a ambos al permitirnos sentirnos solidarios el uno con el otro y estar conectados. Esta conexión profunda es, sin duda, uno de los principales objetivos de la vida conyugal: sentirse emocionalmente unidos el uno al otro, lo que puede apreciarse más que nada.

Algunas estrategias que promueven la comunicación:

Asume la responsabilidad de tu vida. Evita acusar a tu pareja.

Comparta sus emociones y exprese claramente sus necesidades. No haga adivinar a la otra persona.

Exprese empatía y compasión por lo que le dice su pareja. Escuche realmente a su interlocutor: no prepare una respuesta, sólo escuche para oír.

Evita los temas tabúes. Envenenan la relación. Admira a tu pareja

Cree en el potencial de tu pareja y apóyala mientras trabaja para poner en práctica sus sueños. Ya sean 5 o 30 años los que caminen juntos, el objetivo es el mismo: estar ahí para el otro.

Mantenga una visión positiva de quién es su pareja y en qué se está convirtiendo. Este movimiento de profunda complicidad permite a las parejas acompañarse en la búsqueda de la felicidad y de una existencia con sentido.

· · ·

Sé que el reto es grande. Con demasiada facilidad, empiezas a ver sólo lo que te pone de los nervios, pero intenta no perder nunca de vista la visión del conjunto.

El amor es un compromiso que requiere mucha inversión, madurez y voluntad. En materia matrimonial, todos estamos lejos de ser expertos.

Debes tomar la decisión de criticar a tu pareja muy raramente y, en cambio, reconocer regularmente sus logros.

Elige ver el vaso medio lleno y no medio vacío, y aprecia a tu pareja.

La pareja "perfecta", como el ser humano perfecto, no existe. La vida de una pareja es una danza perpetua de compromisos, ajustes y dejaciones.

La felicidad viene de hacer un ramo con las flores que tenemos.
Cámbiate a ti mismo en lugar de cambiar a tu pareja

No hay espejo más grande y cruel para mostrarnos nuestros defectos que una relación. Aunque la otra persona puede sacar lo mejor de ti, también puede hacer que te des cuenta de lo peor. Esto va en ambas direcciones: a menudo no reconocemos nuestros defectos hasta que otra persona los ve. Es difícil someterse a la vulnerabilidad que supone estar en una relación y darse cuenta de que no somos perfectos.

A veces, utilizamos esta vulnerabilidad de nuestra pareja para cambiar lo que no nos gusta en lugar de centrarnos en lo que podemos cambiar de nosotros mismos. Nuestro orgullo tiende a aliarse con nuestro ego para entregarse cómodamente a la negación y la ceguera.

Obviamente, querer cambiar a otra persona es un deseo inútil. Sólo tienes poder sobre ti mismo. Depende de ti hacer el trabajo de sanación y transformación de ti mismo. Las relaciones pueden convertirse en una maravillosa oportunidad para sanar tus propias heridas, aunque te dé mucho miedo llegar hasta donde te duele.

¿Qué pasaría si dirigieras tu mirada hacia ti mismo en lugar de culpar a la otra persona? ¿Y si reconocieras que puedes mejorar la relación si te centras en ti mismo? Elige bien tus argumentos

Seamos realistas: es inevitable que en una relación tan íntima, que afecta a tantas esferas de la vida, haya tensiones sobre las formas de ver y hacer las cosas. La vida con otra persona contribuye a exacerbar las diferencias. Es utópico aspirar a la armonía y al acuerdo perfecto en todos los ámbitos. Habrá luchas, pero no todas son malas.

Entonces, ¿cómo se discute de forma saludable?

Recuerda que el otro es tu amante y no tu enemigo. Trabajar en equipo y no como adversarios.

No declare la guerra, sino busque soluciones en las que todos salgan ganando. Evitar dinámicas estériles como quién está equivocado y quién tiene razón.

Desactive los conflictos antes de que se agraven.

Evita las palabras que destruyen, como venganza, odio, castigo.

Reconoce que tu vida romántica es un baile para dos, no un combate de boxeo. Vea sus diferencias como un enriquecimiento y no como un obstáculo.

Alimentar el vínculo de apego seguro, incluso en el corazón de la tensión. El poder vale la pena compartirlo.

. . .

Uno de los principales problemas de la vida para los dos viene del poder. Lo queremos. Aspiramos a él. Lo ostentamos. Exigimos que se nos vea, que se nos escuche, que se nos reconozca, que ocupemos nuestro lugar en el mundo, el que nos pertenece por derecho. Luchamos para reclamar nuestro espacio.

## CÓMO ABORDAR TEMAS SENSIBLES

Cuando su pareja es sensible a sus sentimientos, se agita cuando se habla de este tema. Pueden ponerse increíblemente a la defensiva y sentirse como si fueran atacados por su pareja o sus seres queridos. Por lo tanto, no exprese su frustración con ellos, ya que sólo conseguirá aumentar la sensibilidad. En su lugar, dé un paso atrás y prepárese para una larga discusión que puede durar horas o días.

Haz lo posible por ver las cosas desde su perspectiva. Esto puede requerir un poco de trabajo por tu parte, pero debes intentar ver la situación desde el punto de vista de tu pareja.

Si lo consigues, podrás llegar a algún tipo de compromiso o solución que evite que ambos se enfaden demasiado.

Tenga paciencia. Esto es lo más importante que hay que

recordar cuando se trata de una pareja sensible. Sin embargo, a menudo es lo más difícil de hacer. Las personas sensibles en el tema de sus sentimientos suelen tener dificultades para adaptarse a nuevas situaciones. Pueden agitarse mucho por las cosas más pequeñas y sentir que sus emociones son despreciadas o vilipendiadas por quienes les rodean. La solución a este problema no es evidente al instante, pero la paciencia es definitivamente uno de los mejores enfoques.

Evita intentar quitarle sus sentimientos. Este es probablemente el consejo más importante que puedo darte cuando estás luchando con una pareja sensible. Puede volverse extremadamente reactiva y agitada cuando intentas empujarla en una determinada dirección. Se pondrá a la defensiva y puede sentir que su dignidad ha sido erosionada. Por lo tanto, no intente empujarles en ninguna dirección. Simplemente hazle saber que estás ahí para él y que lo estarás hasta que se calme.

No menosprecie ni sea condescendiente con su pareja.

Cuando su pareja se encuentra en un estado de agitación, puede tomarse a mal cualquier cosa que le diga. Si esto ocurre, se enfadará aún más y puede sentir que le has menospreciado. Da un paso atrás y hazle saber que siempre es bienvenido a hablar contigo sobre sus sentimientos.

Intente determinar si la sensibilidad de su pareja se debe a un problema subyacente que debe ser abordado. Por ejemplo, si tu pareja es demasiado sensible por el hecho de que no se siente respetada por ti o por otras personas de su entorno, puede deberse a que tiene inseguridades sobre su carrera o su apariencia. En este caso, puede ser necesario que su pareja busque ayuda profesional para resolver o mejorar los problemas subyacentes que le hacen sentir que no es digno de respeto.

Dales espacio y permite que tomen sus propias decisiones.

Dale la oportunidad de expresar sus preocupaciones y sentimientos antes de intentar socavarlos tratando de solucionar sus problemas. Esto ayudará a tu pareja a calmarse y evitará que la relación se vuelva aún más tensa.

Escuche y comprenda sus preocupaciones. Tómese el tiempo necesario para escuchar las quejas de su pareja, incluso si suenan un poco ridículas. Hacerlo le ayudará a sentir que le estás escuchando, qué es lo que más necesita en los momentos de mayor sensibilidad. Escuche con atención y haga lo posible por no hacer ningún ruido brusco o grosero que pueda interrumpir su discurso.

· · ·

Haz lo posible por no ofenderte. Esto sólo hará que tu pareja se enfade y se sienta aún más agitada.

En lugar de eso, pídele que aclare lo que está tratando de decir y si sus afirmaciones van dirigidas a ti o no. Puede que te sorprenda la respuesta que recibas.

Asegúrele que siempre estará a su lado. Comunique a su pareja que la quiere y que es bienvenida a compartir sus preocupaciones y sentimientos con usted. Además, haz todo lo posible por no sacar a relucir otros asuntos o temas mientras se encuentren en este estado, ya que esto podría hacerles sentir que no te importan sus preocupaciones.

## CÓMO CALMAR LA TORMENTA EMOCIONAL

Si tienes una relación con una persona que tiene un estilo de apego desorganizado, puede ser agotador y frustrante. Puede que sientas que nada de lo que hagas o digas llega a tu pareja. Es útil que entiendas de dónde viene esta persona para que podáis trabajar juntos y conseguir un poco de alivio de la tormenta emocional.

El primer paso es comprender que las personas desorganizadas necesitan tiempo y espacio entre ellas, pero también necesitan más estructura que sus homólogos seguros. Esto significa que necesitan saber qué esperar de su pareja y cuál es su posición en la relación.

## Comprender sus necesidades e inseguridades

Si tu pareja es desorganizada, es natural que se sienta insegura contigo. Cuando crecía, es posible que no tuviera reglas o límites consistentes con los que pudiera vivir. Desde entonces, le cuesta confiar en los demás.

Puede que le preocupe que le dejes, por lo que puede aferrarse a ti o molestarte constantemente. Se siente así porque no confía en que vuestra relación sea lo suficientemente fuerte como para mantenerse por sí sola y tiene miedo de no ser capaz de sobrevivir sin ti.

Si tu pareja se muestra pegajosa, puede ser inquietante si no entiendes por qué lo hace. Necesita que le asegures que no hay agendas ocultas o motivos ulteriores detrás de vuestra relación.

## Dale tiempo y espacio

Asegúrate de que tu pareja sepa que no tiene que vivir con el temor constante de ser abandonado. Háblale de lo segura que te sientes con tu relación y asegúrale que no te vas a ir a ninguna parte.

También es posible que quieras darle algo de espacio.

Si siente que lo están reprimiendo o asfixiando, sólo empeorará las cosas. Hazle saber que estarás a su lado cuando te necesite, pero que también quieres mantener tus propios intereses.

Si tu pareja desorganizada es la que está asfixiando, podría cambiar su comportamiento si es consciente de cómo te hace sentir. Intenta decir algo como "Me hace sentir incómodo que me controles todo el tiempo. Sé que me quieres y que sólo estás siendo un buen novio, pero me hace sentir que no puedo respirar".

Como puede ver, las parejas desorganizadas necesitan más seguridad que las organizadas. Si tu pareja está constantemente contigo y reclama tu atención, o si parece demasiado pegajosa o posesiva, intenta comprender por qué se siente así. Asegúrele que le quiere y que no se va a ir a ninguna parte. Pero asegúrate también de que entiende que tú también necesitas tiempo para ti.

· · ·

Asegúrate de que no vive con miedo.

Si a su pareja le preocupa que le deje, puede reaccionar de forma exagerada y alejarle de otras personas. Para ayudarle a volver a la realidad, intente hablar con él sobre lo que significaría que le dejara.

Explícale que irse perjudicaría a muchas otras personas y podría causar un daño irreparable. Es importante que sepa que lo que está pensando no es real.

Si te preocupa tu pareja porque te necesita constantemente, asegúrate de respetar tus propios límites. Si te envía mensajes cada hora para saber cómo estás o te llama cada noche para decirte lo mucho que te quiere, recuérdale que no es necesario todo el tiempo.

Aunque sea pegajoso y molesto, asegúrate de recordarle lo mucho que significa para ti. Esto no solo ayuda a vuestra relación, sino que también le facilitará superar el miedo a que le dejes.

Asegúrate de que tienes tiempo a solas.

· · ·

Dejar que tu pareja sepa que te preocupas por él no sólo le permitirá sentirse seguro en la relación, sino que también puede marcar la diferencia en la forma en que maneja sus emociones. Si no estás cerca para calmarle cuando está enfadado, se verá obligado a enfrentarse a ellas por sí mismo.

Tu pareja no debería vivir con un miedo constante al abandono porque te culpa constantemente de cómo van las cosas en su vida. Si está constantemente cerca de ti, recuérdale que necesitas un tiempo a solas.

Busque signos de depresión u otras enfermedades mentales.

Si su pareja está deprimida o tiene otro problema de salud mental, es importante que le consiga ayuda lo antes posible.

Puede que se sienta deprimido porque su vida está fuera de control, y necesita resolver sus problemas antes de que se conviertan en otros mayores. La depresión puede estallar sin previo aviso, por lo que es importante que tomes las medidas necesarias para ayudarle a afrontar sus problemas.

También es posible que tu pareja sea ansiosa, tenga un trastorno obsesivo-compulsivo o sufra otra forma de enfermedad mental. Puede que necesite ver a un terapeuta; pero si él cree que no lo necesita, haz lo que puedas para convencerle.

Asegúrele que es adorable.

Si se enfada con frecuencia por su desorganización, dile que está bien que se frustre, no hagas de sus problemas tus problemas y no te culpes por ellos. En su lugar, recuérdale que le quieres y que no te vas a ir a ninguna parte.

Tanto si tu pareja es evasiva como si es extremadamente pegajosa, estos consejos pueden ayudarte a lidiar con sus problemas. Puede que a veces te frustres con su comportamiento, pero recuerda mantener la calma y, con un poco de suerte, él entrará en razón. También puedes aprovechar este tiempo para trabajar en tus propios problemas, para que ambos se sientan más felices a largo plazo.

Si crees que tu relación se está volviendo demasiado tóxica, es importante que busques alternativas. Si ambos necesitan ayuda, el asesoramiento profesional puede suponer una gran diferencia en lo que sienten el uno por el otro.

# 9

## Por qué idealizamos a la persona que nos rompió el corazón y por qué no deberíamos hacerlo

HACE algunos años tuve una primera sesión con un joven que vino a terapia para trabajar su vida sentimental. Comenzó a describir una fiesta a la que había asistido recientemente y casualmente mencionó que había muchas drogas en la fiesta, lo que consideraba algo bueno ya que era "aficionado a la cocaína".

Dada la naturaleza casual de su admisión, respondí de manera igualmente casual: "¿Cuánto cariño?"

"Bastante cariño", respondió con un guiño y una sonrisa traviesa. "Pero hace un par de meses descubrí que el cartílago de mi fosa nasal izquierda estaba tan dañado por olerlo, que tuve que operarme para sustituirlo por cartílago de mi oreja".

. . .

"¿Cómo afectó eso a tu consumo de cocaína?" Pregunté inocentemente. "Duh, uso mi fosa nasal derecha".

Sin darse cuenta de la grosería de su respuesta, continuó contándome lo bien que le hacía sentir la cocaína y expuso sus argumentos para consumirla, ninguno de los cuales reconocía las cicatrices en su nariz u oreja ni el hecho de que pronto se quedaría sin fosas nasales sanas.

Las personas suelen justificar su consumo de sustancias centrándose casi exclusivamente en lo bien que se sienten cuando las consumen, lo mucho que se divierten y lo agradable que es la experiencia. Sus ansias de consumir la droga crean una percepción idealizada que ignora las muchas mañanas y días terribles que siguen al consumo excesivo, la cantidad de tiempo y dinero que gastan en la droga y los problemas que crea en sus vidas y relaciones.

Las similitudes entre la adicción y el desamor son tales que nuestra percepción de la persona que nos rompió el corazón puede distorsionarse de forma similar. Nuestras "ansias" por ellos nos hacen centrarnos desproporcionadamente en sus mejores cualidades. Reproducimos los grandes éxitos de los momentos maravillosos que compartimos (o imaginamos los que hubiéramos compartido en el futuro), imaginamos su sonrisa, su risa y las veces que nos hizo sentirnos atractivos, felices y contentos.

. . .

En lo que nos fijamos mucho menos es en sus defectos, en sus hábitos molestos, en las discusiones, en las tensiones, en los intereses y amistades a los que renunciamos para estar con ellos, en las veces que nos hicieron sentir mal con nosotros mismos, en las que lloramos y nos sentimos miserables, y en los momentos en que los odiamos a muerte y no soportamos verlos.

Por muy natural que sea hacerlo, al idealizar a la persona que nos rompió el corazón y recordar sólo versiones muy pulidas de nuestra vida con ella, en realidad estamos inflando la magnitud de nuestra pérdida a nuestros ojos, exacerbando nuestro dolor emocional y retrasando nuestra recuperación. Idealizar de este modo puede convertirse fácilmente en un círculo vicioso que intensifica nuestras ansias, lo que a su vez refuerza nuestras percepciones idealizadas, que intensifican nuestras ansias, y así sucesivamente.

Hace poco, Gazi, un hombre de unos treinta años, llegó a su sesión desolado y anunció que su novia de nueve años le había dejado. Se sentó llorando, sin apenas poder hablar.

"Pensé que sería mi esposa... la madre de mis hijos... ¡La mujer con la que envejeceré!"

. . .

El dolor emocional de Gazi era muy real. Lo que decía, no tanto.

De hecho, su novia le dejó precisamente porque, a pesar de llevar nueve años con ella, no se sentía preparado para casarse. Además, había roto con ella al menos una docena de veces durante ese periodo, la última de ellas sólo un par de meses antes de que le dejara. En aquel momento le sugerí a Gazi que el patrón de rupturas podría sugerir que tenía un problema con el compromiso.

No está de acuerdo. "¿Cómo es un problema de compromiso? ¡Sigo volviendo con ella!"

"Exactamente", respondí. "Tampoco puedes comprometerte con las rupturas".

La realidad era que, dejando de lado los problemas de compromiso, aunque quería a su novia, la relación no funcionaba para él. Pero en su dolor, Gazi dejó de lado nueve años de dudas y ambivalencia y se centró sólo en los buenos recuerdos. Al hacerlo, la idealizó a ella, así como a la relación, y esa percepción distorsionada le llevó a percibir que había perdido a alguien con quien iba a casarse, cuando nueve años y múltiples rupturas argumentaban lo contrario.

. . .

La mejor manera de evitar idealizar a la persona que nos rompió el corazón es forzar deliberadamente una perspectiva equilibrada en nuestra mente.

Tenemos que recordarnos las manías que activaron (por ejemplo, sus vergonzosos hábitos alimenticios, su impuntualidad crónica o los restos de uñas mordidas que expectoraban sobre la mesa de café), su diferente gusto por los libros, los deportes o el entretenimiento, sus amigos íntimos con los que nunca se llevaba bien o su actitud defensiva cada vez que intentabas tener una discusión sobre un tema de la relación. La idea no es odiarlos o vilipendiarlos, sino ser capaces de ver sus defectos y los de la relación y no centrarse exclusivamente en lo bueno. A menudo tenemos que recordarnos estos defectos repetidamente y deberíamos hacerlo, ya que hacerlo nos ayudará a soltarnos y a aliviar nuestra preocupación por no volver a encontrar a alguien "tan perfecto".

## Cómo la evasión sobredimensiona el duelo

Cuando se nos rompe el corazón, nuestros esfuerzos por gestionar el dolor emocional que sentimos pueden llevarnos a tomar decisiones que nos ahorran dolor a corto plazo, pero que lo aumentan a largo plazo. Una de las formas más comunes de tratar de limitar nuestra angustia emocional es apartarnos de las personas y actividades que nos recuerdan lo que hemos perdido. Sin embargo, cuanto más duró la relación, la lista de personas o situaciones que nos recuerdan nuestra pérdida puede ser bastante significativa y algunas de ellas pueden ser aspectos significativos e importantes de nuestra vida.

Por lo tanto, evitar a esas personas, lugares o actividades puede tener un gran impacto y desestabilizar toda nuestra vida.

Lindsay, triatleta aficionada y ama de casa de Nueva Jersey, solía levantarse cada mañana a las cinco y media, bajar a su sótano, colocar a su gato, Mittens, en la estantería frente a su bicicleta estática y hacer ejercicio durante cuarenta y cinco minutos. "A algunas personas les gusta ver la televisión en la bicicleta estática", me dijo en nuestra sesión, "a mí me gusta mirar a Mittens. Y ella me mira a mí. Es nuestro tiempo de calidad juntos".

Cuando Mittens murió, Lindsay no podía soportar la idea de hacer su rutina matutina en bicicleta sin que su querido gato estuviera allí para vigilarla y hacerle compañía. Reconoció que no sería capaz de competir al mismo nivel si sólo montara en bicicleta al aire libre, ya que podía hacerlo con mucha menos regularidad. También reconocía lo importante que era para su salud física y mental competir en triatlones y la forma física que le proporcionaba su preparación. Pero a pesar de saber esto, simplemente no se atrevía a volver a subirse a la bicicleta estática.

Lo que Lindsay no sabía era que al dejar de entrenar en bicicleta de interior y limitar así su capacidad para competir, corría el riesgo de perder mucho más que su forma física.

Ser triatleta se había convertido en un aspecto importante de la autodefinición de Lindsay y sus compañeros de competición representaban una parte importante de su círculo social. Al renunciar a aspectos tan significativos de su vida, no sólo estaba agravando su dolor por Mittens, sino que estaba poniendo en serio peligro su salud mental.

Aunque pueda parecer necesario o prudente evitar lo que evoca asociaciones dolorosas de nuestra pérdida, hacerlo no suele ser acertado. Una regla general de la psicología humana es que evitar las cosas no disminuye su impacto emocional en nosotros, sino que lo aumenta. Al evitar su sótano, Lindsay no estaba disminuyendo la asociación entre su bicicleta estática y Mittens, sino que la estaba reforzando. Me preocupaba que si seguía evitando la bicicleta, la asociación con Mittens podría extenderse y contaminar otros aspectos de su entrenamiento de triatlón.

· · ·

De hecho, este tipo de evasión tras la ruptura suele empezar por algo pequeño y luego se extiende, obligándonos a reducir continuamente nuestros ámbitos de actuación, a veces de forma poco práctica e incluso ridícula. Por ejemplo, Carla se negaba a ir a cualquier restaurante en el que hubiera estado con Rich, ya que hacerlo sería un recuerdo demasiado doloroso de la ruptura. Pero teniendo en cuenta la frecuencia con la que salieron a cenar durante sus seis meses de relación, la lista de establecimientos "prohibidos" de Carla abarcaba una enorme franja de Manhattan.

Debería haber encontrado formas de disminuir la presencia de Rich en sus pensamientos diarios. En cambio, su evasión hacía prácticamente imposible escapar de su sombra.

Cuando los lugares y las personas se asocian demasiado con nuestro corazón roto, necesitamos "limpiar" nuestras asociaciones y recuperarlas. La mejor manera de hacerlo es volver a visitar esos lugares en circunstancias diferentes y específicas para poder crear nuevas asociaciones con ellos. Por ejemplo, le sugerí a Carla que recuperara el lugar del brunch al que solía ir con Rich convirtiéndolo en el lugar del brunch al que ahora va con sus amigos. Le advertí de que la primera o segunda vez que fuera allí seguiría atormentada por los recuerdos de Rich, pero a la tercera o cuarta visita, las nuevas asociaciones empezarían a ser lo suficientemente fuertes como para competir con las antiguas.

· · ·

Cuando intentamos sustituir las asociaciones antiguas y dolorosas por otras nuevas, tenemos que tener cuidado con una cosa. Debemos evitar reforzar las viejas asociaciones. En consecuencia, le aconsejé a Carla que evitara mencionar a Rich cuando estuviera en el lugar del brunch y que, en la medida de lo posible, evitara incluso pensar en él.

Aferrarse a los recordatorios puede hacer que nos aferremos al dolor.

Evitar rígidamente los recordatorios de nuestra pérdida puede llevarnos a renunciar a aspectos importantes de nuestra vida, pero aferrarse a ellos con demasiada fuerza puede ser igual de problemático.

Aproximadamente cuatro meses después de la muerte del perro de Ben, Bruno, me llamó antes de nuestra sesión para decirme que se había retrasado por una conferencia de última hora con su jefe y que no podría llegar a mi oficina a tiempo. Me preguntó si podíamos hacer la sesión por video-llamada. Acepté.

El ordenador de Ben estaba situado en un rincón de su salón.

. . .

En consecuencia, tenía una visión clara de su salón y de la cocina abierta adyacente. Ben empezó a ponerme al corriente de su último enfrentamiento con su jefe, pero apenas escuché una palabra. Estaba totalmente distraído por lo que vi detrás de él.

Allí, a los pies de la pequeña mesa de Ben, estaban los cuencos de comida y agua de Bruno.

Esperé una oportunidad y le pregunté a Ben.

Inclinó tímidamente su portátil para mostrarme que el gran cojín plano de Bruno seguía al pie de su estación de trabajo.

También admitió que el cepillo y el peine de Bruno seguían en el cajón de la cocina con sus otros utensilios de peluquería, y que su correa seguía colgada en el perchero de la puerta principal.

Ben no era ajeno al dolor. Ya había experimentado una pérdida importante en dos ocasiones, cuando murieron sus padres. Yo había trabajado con él en aquella ocasión y sabía que era muy consciente de que aferrarse a demasiados recuerdos vívidos podía hacer que esas pérdidas se sintieran perpetuamente frescas y dolorosas. Al vivir con las cosas de Bruno a su alrededor, Ben evitaba que las "costras psicológicas" que crea el tiempo se formaran sobre su herida emocional.

Dicho esto, entendí por qué lo hacía.

Cuando perdemos a alguien, a menudo nos aferramos a su ropa y a los objetos que asociamos con él porque quitarlos nos parece desleal. Del mismo modo, cuando muere una mascota querida, guardar sus juguetes e instrumentos de aseo, deshacerse de los restos de comida y retirar sus jaulas o cojines puede parecer una tarea imposible.

El mero hecho de pensar en hacerlo puede evocar poderosos sentimientos de culpa. Sentimos que estamos traicionando a un animal que nos ha sido incondicionalmente leal durante toda su vida. Incluso puede parecer que estamos faltando al respeto a su memoria.

Ben sentía todas esas cosas. Racionalizó el hecho de aferrarse a esos recuerdos diciéndose a sí mismo que guardaría las cosas de Bruno cuando se sintiera preparado para hacerlo. Una parte de él sabía que tener las cosas de Bruno a su alrededor en realidad le impedía sentirse "preparado",

pero cada día que pasaba, la idea de deshacerse de las posesiones de Bruno le parecía más y más imposible.

Un drama similar se produce a menudo cuando se nos
rompe el corazón por un amor romántico. Algunos nos
aferramos a todos los recuerdos que tenemos, rodeándonos
de la evidencia de lo que una vez tuvimos pero perdimos. Y
otros prefieren deshacerse de todos los recuerdos lo antes
posible, para borrar todo rastro de la persona que nos
rompió el corazón y de nuestro tiempo con ella.

Aunque se trata de enfoques totalmente opuestos, uno no es
necesariamente mejor o más saludable que el otro, al menos
no inicialmente.

El hecho de que elijamos eliminar los recordatorios o
acumularlos inmediatamente después de una ruptura o
pérdida refleja nuestras primeras reacciones, nuestro reflejo
emocional. La cuestión es qué hacemos más allá de ese
momento.

Los recuerdos son representaciones psicológicas de nuestro
apego emocional a la mascota que perdimos o a la persona
que nos rompió el corazón. A medida que procesamos
nuestra pérdida y superamos el duelo, este apego debería
debilitarse con el tiempo. Deshacerse de los recordatorios

refleja nuestra voluntad de dejar ir y nuestra disposición a seguir adelante. Si meses después seguimos guardando demasiados, puede ser una señal de que nos hemos quedado atascados.

Deshacerse de estos recordatorios se sentirá ciertamente tortuoso en el momento, pero esta es una de esas veces en las que necesitamos pagar un precio a corto plazo para una ganancia a largo plazo. La gran mayoría de las personas con las que he trabajado dicen sentir una reducción significativa del dolor emocional y una gran mejora del estado de ánimo en los días siguientes a una "purga de recordatorios". El número de recordatorios que decidamos conservar, si es que lo hacemos, dependerá de si podemos hacerlo sin dejar de soltar y avanzar.

Los que prefieren eliminar todos los recordatorios desde el principio se enfrentan a una complicación diferente. Mientras que es bastante fácil localizar los recordatorios físicos en nuestra casa, coche u oficina, los recordatorios virtuales suelen existir en múltiples lugares. Entre nuestras cuentas de las redes sociales, las fotos digitales, los blogs, los textos, los correos electrónicos, los sitios de citas y otros almacenes de información digital, encontrarlos y purgarlos puede ser una tarea realmente complicada.

## La curación comienza en la mente

. . .

Los corazones rotos son motores de una interminable paradoja psicológica. Lo único que deseamos es acabar con nuestro dolor emocional, pero nos dejamos llevar por pensamientos y comportamientos que no hacen más que profundizarlo. Nos sentimos desechados, rechazados y abandonados, y sin embargo idealizamos a la persona que nos causó esos sentimientos. Estamos desesperados por superar nuestro dolor, pero nos aferramos tenazmente a los recuerdos y a las memorias que nos mantienen sumergidos en él.

¿Por qué el desamor nos atrapa en tantas paradojas?

Para responder a esta pregunta, primero debemos revisar nuestro pasado evolutivo.

En general, la prioridad de nuestro cuerpo es siempre curar y mantenernos vivos. Cuando nos lesionamos físicamente, no tenemos que tomar una decisión consciente para curarnos, ya que nuestro cuerpo lo hace espontáneamente. Pero la prioridad de nuestra mente no es reparar los huesos y los tejidos, sino mantenernos alejados de las situaciones que nos han hecho daño en el pasado. Cuanto más dolorosa sea una experiencia, más trabajará nuestra mente para asegurarse de que no volvemos a cometer ese "error".

. . .

Por eso, cuando se nos rompe el corazón, nuestra mente intenta mantener el dolor fresco e inolvidable haciendo que los pensamientos y las imágenes de nuestra pérdida aparezcan en nuestra cabeza cuando menos lo esperamos.

Se asegura de inundarnos de ansiedad y estrés cuando pensamos en volver a salir con alguien, y de infundirnos culpa si tenemos la tentación de conseguir otra mascota después de haber perdido una que apreciábamos. Pero mientras nuestra mente quiere que nos aseguremos de no olvidar, para recuperarnos del desamor necesitamos ser capaces de hacer precisamente eso. Tenemos que disminuir el tiempo que pasamos dándole vueltas a nuestra pérdida y reducir la importancia que tiene en nuestros pensamientos y en nuestras vidas.

Este simple "conflicto de intereses" entre nuestra mente inconsciente y nuestros objetivos conscientes es enormemente importante. Si deseamos sanar más rápida y completamente, tenemos que tomar medidas deliberadas para anular los dictados perjudiciales de nuestra mente inconsciente y adoptar nuevos hábitos para reforzar nuestra salud emocional. Hacer esto es muy diferente de la creencia actual que muchos de nosotros tenemos sobre el desamor y que afirma que sólo tenemos que dejar que el tiempo haga su trabajo. El tiempo hará su trabajo, pero lo hará de forma lenta y a menudo ineficaz, y puede dejarnos con heridas que nunca se curan del todo.

. . .

Nuestros cuerpos se curan bien automáticamente. Nuestras mentes no.

Sin embargo, esta "desventaja" mental también tiene un lado positivo. Aunque no podemos ordenar a los glóbulos blancos que ataquen a un virus ni ordenar a nuestros huesos que se curen, sí podemos influir en lo que ocurre en nuestra mente si estamos lo suficientemente decididos a hacerlo.

Hay una gran diferencia entre desear que nuestro dolor emocional se detenga y tomar la firme decisión de hacer que se detenga.

Desear seguir adelante no es lo mismo que decidirse a hacerlo.

Para sanar por completo cuando se nos rompe el corazón, tenemos que mirarnos al espejo (metafórica y quizás literalmente) y decirnos a nosotros mismos que es hora de dejarlo ir.

Y eso puede ser extremadamente difícil.

. . .

Las diferentes maneras en que necesitamos soltarnos

Lo que hace que dejar ir sea tan difícil es que necesitamos dejar ir mucho más que el mero dolor emocional: necesitamos dejar ir la esperanza, la fantasía en la que deshacemos lo que salió mal, la presencia psicológica que la persona o mascota tiene en nuestros pensamientos diarios y, por lo tanto, en nuestras vidas. Tenemos que decir adiós de verdad, alejarnos del amor, incluso cuando ya no hay una persona o un animal que lo reciba. Y necesitamos dejar ir una parte de nosotros mismos, de la persona que éramos cuando nuestro amor aún importaba.

Carla era adicta a sus recuerdos de Rich. Su mente justificaba el hecho de que se entregara a ellos creando una historia falsa: que algo había sucedido durante su fin de semana romántico juntos que había provocado la ruptura.

Para seguir adelante, Carla tenía que tomar la misma decisión que todo adicto debe tomar si desea dar un giro a su vida y escapar de las garras de la sustancia que le controla. Tendría que abandonar su búsqueda de respuestas -su "droga"- y dejar de fumar.

Para ello, Carla debía estar preparada para gestionar los poderosos antojos y el intenso síndrome de abstinencia que intentarían acabar con su determinación. Tendría que vencer los poderosos impulsos que la obligarían a volver a visitar sus recuerdos y a probar una vez más la felicidad que había sentido ese fin de semana. Tendría que anticiparse a las muchas excusas y justificaciones que su mente inventaría para incitarla a volver a sus antiguos hábitos y estar preparada para argumentar contra ellas.

Dejarle ir fue una decisión igualmente tortuosa para Ben. El perro de Ben, Bruno, había estado exquisitamente en sintonía con sus estados de ánimo; su capacidad para reconocer cuándo Ben necesitaba consuelo y afecto era notable.

Las posesiones de Bruno eran una forma de devolver la lealtad que Bruno le había mostrado durante tantos años.

Para seguir adelante, Ben tendría que renunciar a los recordatorios que abarrotaban su apartamento y mantenían fresco el recuerdo de Bruno.

Tendría que tolerar intensos sentimientos de deslealtad y aprovechar cada gramo de determinación emocional que tuviera para resistir el maremoto emocional de culpa que seguramente vendría. Tendría que darse cuenta de que eran distorsiones que su mente había creado para evitar que siguiera adelante, que su deuda con Bruno ya había sido pagada.

· · ·

Ben se erizó cuando lo sugerí. "Bruno era mucho más leal a mí que yo a él. Era devoto de mí".

"Era devoto", estuve de acuerdo. "Pero tu devoción por él era aún mayor. Tú eras su dueño. Bruno no tenía a nadie más en quien centrar su lealtad. Tú sí, al menos en teoría. Sin embargo, elegiste dedicarte sólo a él".

Ben me miró confundido. "¿Eh? ¿A quién más podría haber sido leal?" "Una mujer".

"Oh", respondió Ben.

"Ben, apenas saliste desde tu divorcio. ¿No fue Bruno la razón?

¿No había una parte de ti que sentía que él era suficiente?
¿No hubo una parte de ti que se abstuvo de apegarse emocionalmente a otra persona por lealtad a Bruno?"

Ben se sentó y pensó por un momento. "Salir con alguien apesta". "Puede", dije.

. . .

"Y Bruno era tan cariñoso, afectuoso y consecuente". Ben suspiró. "Él era suficiente". "Sí, lo era. Su memoria no. Ben, has pagado tu deuda de lealtad con Bruno mientras estaba vivo, muchas veces. Ahora tienes que ser leal a ti mismo, a tus propias necesidades y felicidad".

Ben reconoció lo que tenía que hacer, pero eso no lo hizo menos doloroso. Al día siguiente, cogió todas las posesiones de Bruno y las metió en una caja, llorando mientras lo hacía. Por fin estaba en el camino de la curación, pero sabía que teníamos más trabajo que hacer.

## El poder de la autocompasión

Lauren, que se sintió destrozada después de que su primera cita en años la rechazara, se vio atrapada en una paradoja que atrapa a muchos que sufren una decepción romántica.

Creía que su única oportunidad de ser feliz dependía de encontrar una pareja, pero estaba demasiado aterrorizada y pesimista para volver a intentar salir con alguien.

En un esfuerzo por protegerse de más disgustos, la mente de Lauren la convenció de que era demasiado poco atractiva para encontrar el amor, así que no tenía sentido intentarlo.

. . .

Para curarse y seguir adelante, Lauren tenía que estar dispuesta a dejar de lado sus convicciones autocríticas y adoptar un nuevo hábito mental, uno que limitara su auto-desprecio y reforzara su confianza: la autocompasión.

La autocompasión implica el desarrollo de una voz interior no crítica que responde a nuestro propio sufrimiento con amabilidad y cariño, en lugar de culparnos a nosotros mismos. Practicarla implica sustituir los pensamientos auto-críticos por otros de apoyo y compasión. Requiere que respondamos a nuestros errores con paciencia y comprensión, reconociendo que errar forma parte del ser humano. Podemos reconocer nuestros errores y carencias, pero no debemos castigarnos por ellos. Hacerlo no aporta nada y tiene un impacto terrible en nuestra autoestima, confianza y salud emocional en general.

Cuando le sugerí a Lauren que adoptara la práctica de la autocompasión, naturalmente dudó.

El cambio de hábitos de comportamiento ya es bastante difícil.

Cambiar nuestros hábitos mentales es más difícil. Para cambiar su forma de pensar a un camino diametralmente opuesto, Lauren tendría que tomar una decisión firme y respaldarla con una gran dosis de motivación y fuerza de voluntad. Tenía fe en la fuerza de voluntad de Lauren. El punto de fricción para ella era la decisión inicial de cambiar.

Como era estudiante de medicina, decidí compartir con ella algunos resultados de investigaciones recientes. Le hablé de los estudios que investigaban el impacto de la autocompasión en nuestra salud mental. Los resultados eran significativos y se habían repetido muchas veces. Practicar la autocompasión aumenta la autoestima, mejora el funcionamiento psicológico y social, disminuye la depresión y la ansiedad, mejora la salud emocional y otorga una serie de otros beneficios psicológicos.

Lauren estaba intrigada. Aceptó que la autocompasión funcionaba para algunas personas, sólo que no sabía si era algo que ella sería capaz de hacer. Como ella había abierto la puerta, le sugerí algunas técnicas específicas. Los científicos han descubierto que una forma de aumentar nuestra autocompasión es ser compasivos con los demás.

Por ejemplo, en un estudio, el mero hecho de escribir un mensaje de consuelo a un desconocido con el corazón roto aumentó la autocompasión con la que los participantes consideraron un incidente negativo de su propio pasado.

· · ·

Otra técnica para limitar los pensamientos autocríticos es imaginarnos diciendo esos pensamientos en voz alta a un amigo querido que está sufriendo. La mayoría de nosotros retrocedería ante la idea de ser tan crueles con un amigo necesitado, lo que nos recuerda que deberíamos retroceder igualmente cuando dirigimos las mismas palabras críticas hacia nosotros mismos.

"Vale, lo probaré", aceptó finalmente Lauren.

Le advertí a Lauren que practicar la autocompasión requiere tanto paciencia como atención. Es fácil caer en nuestras viejas formas de pensar y resucitar nuestra voz interior autocrítica, y tenemos que estar en guardia y atraparnos cuando lo hagamos. Todo cambio de hábito supone un esfuerzo al principio, pero normalmente, tras un mes de práctica diaria, el hábito queda más arraigado.

A Lauren le costó cinco semanas de atención y conciencia plena diarias. Colocó pegatinas por todo su apartamento recordándole que debía ser compasiva consigo misma.

Puso motivos de autocompasión en la pantalla de inicio de su teléfono y su ordenador portátil. Y hasta se inventó una cancioncilla para tararearse a sí misma (la única línea que reveló fue "*I ain't wearin' no self- swearin', self-compassion, my new fashion*").

Dejando a un lado sus habilidades como compositora, el planteamiento de Lauren es un buen ejemplo de hasta dónde debemos llegar si realmente queremos cambiar nuestra forma de pensar. Sin los numerosos recordatorios visuales (bien, y la canción), le habría sido difícil mantener la constancia y conseguir que el nuevo hábito se arraigara lo suficiente como para que fuera autosuficiente.

Afortunadamente, los esfuerzos de Lauren dieron sus frutos.

El cambio que vi en ella con el tiempo fue notable, especialmente en su autoestima. Cuando nuestro corazón está roto y nuestra autoestima ha recibido un duro golpe, lo que más necesitamos es reanimarla. Deberíamos curarnos a nosotros mismos centrándonos en nuestras mejores cualidades, en todo lo que tenemos que ofrecer y que una posible pareja apreciaría. Sin embargo, con demasiada frecuencia hacemos lo contrario: nos centramos en todos nuestros defectos y en todas las razones por las que creemos que es probable que nos vuelvan a rechazar en el futuro.

Lauren había sido una experta en disparar a su autoestima en el pie (si no en el corazón).

. . .

Por ello, le insistí en que empezara cada sesión enumerando cinco buenas cualidades que pudiera ofrecer en el mundo de las citas, sin repetir las que ya había utilizado. Aunque al principio apenas podía sacar ninguna, con cada semana que pasaba se sentía más cómoda. Una vez que fue capaz de entregar su lista con seguridad y sin calificativos, supe que estaba lista para empezar a salir de nuevo.

Lauren también lo hizo. Poco después reactivó su perfil en el sitio de citas.

## Reconocer los nuevos vacíos y llenarlos

Ben había retirado por fin de la vista la almohada, los cuencos y la correa de Bruno, pero su recuperación emocional no era en absoluto completa. Todas las mañanas, antes de empezar a trabajar, llevaba a Bruno a un corral de perros. Bruno tenía compañeros de juego habituales allí y Ben se había hecho amigo de sus dueños. Se sentaba a charlar con ellos entre treinta minutos y una hora mientras sus perros jugaban, como hacen los padres y las niñeras cuando llevan a sus hijos a un parque infantil. Ben tenía un círculo limitado de amigos y su "grupo de perros" había formado una parte importante de su vida social.

Ahora que Bruno no estaba, a menudo pasaba días sin tener una conversación cara a cara con otra persona.

Solemos percibir la pérdida de una mascota querida como un vacío en nuestras vidas. Lo que a menudo no nos damos cuenta es que crea mucho más que uno.

Una vez que Ben se dio cuenta de la cantidad de vacíos que había dejado la muerte de Bruno, estuvo de acuerdo en que tenía que encontrar la manera de llenarlos. Pero no se le ocurría ninguna afición, actividad o pasatiempo que le atrajera. Simplemente no había nada en lo que quisiera invertir tiempo y esfuerzo. Se sintió totalmente desconcertado.

"Bien, entonces no hay pasiones o intereses que te atrapen", le dije en nuestra siguiente sesión. "Entonces sólo se me ocurre una opción. Necesitas otro cuerpo caliente en tu vida". "¡No estoy preparado para tener otro perro!" interrumpió Ben. "De nuevo, me refería a una mujer". De nuevo Ben dijo: "Oh".

Ben finalmente cedió y aceptó publicar un perfil en una aplicación de citas. Especificó una condición importante en su perfil. La mujer que buscaba debía amar a los perros.

. . .

Durante los dos meses siguientes, Ben tuvo unas cuantas citas, pero ninguna de ellas le proporcionó una segunda oportunidad.

Sin embargo, el hecho de enviar mensajes a varias mujeres y de quedar ocasionalmente con ellas para tener una cita contribuyó en gran medida a llenar algunos de los vacíos de su vida. Su estado de ánimo mejoró, al igual que su trabajo. Y por primera vez desde la muerte de Bruno, su jefe le felicitó por un trabajo.

Dejamos de trabajar juntos poco después. No sé si Ben encontró una nueva relación o si llegó a tener otro perro.

Me gustaría pensar que hizo ambas cosas. Creo que si se le vuelve a romper el corazón en el futuro, se pondrá en contacto conmigo. Y aunque tengo mucha curiosidad por saber cómo le va, sólo por eso, espero no volver a saber de él.

# Epílogo

NECESITAMOS DESESPERADAMENTE un diálogo más abierto sobre la gravedad del impacto del desamor en nuestras emociones y funcionamiento. Y para que esas discusiones sean productivas, tenemos que rechazar la idea de que hay algo infantil, vergonzoso o inapropiado en sentir una angustia emocional severa cuando nos rompen el corazón, porque el desamor es devastador, a cualquier edad.

Sufrimos un dolor emocional casi "insoportable" durante días, semanas e incluso meses. Nuestro cuerpo experimenta tensiones que pueden dañar nuestra salud a corto y largo plazo. Nuestro dolor activa circuitos en nuestro cerebro que provocan síntomas de abstinencia similares a los que experimentan las personas adictas a la cocaína o la heroína.

. . .

Nuestra capacidad de concentración, de pensar de forma creativa, de resolver problemas y, en general, de funcionar a nuestra capacidad habitual, se ve considerablemente afectada. Nuestras vidas dan un vuelco y nos hacen cuestionar quiénes somos y cómo definirnos en el futuro.

Si el dolor emocional fuera visible, la angustia y el sufrimiento que causa no permanecerían desprotegidos durante mucho tiempo. Cuando nos presentamos en el trabajo o en la escuela con una pierna o un brazo rotos, o incluso con un dedo roto, a menudo obtenemos más atención, preocupación y consideración, porque podemos ver las férulas o los vendajes, que cuando tenemos el corazón roto.

Están ahí como prueba de que nos duele. Y, sin embargo, los huesos rotos no causan ninguno de los profundos daños cognitivos, emocionales y psicológicos que provoca el desamor.

Si el dolor emocional fuera visible, todos nos comportaríamos de forma muy diferente. Encontraríamos formas más amables de romper con la persona con la que salimos y seríamos menos crueles a la hora de rechazar a las personas que expresan su interés por nosotros. Mostraríamos más preocupación cuando viéramos a alguien sentado solo, con una mirada angustiada. Seríamos más pacientes y menos críticos cuando un amigo o un ser querido no consigue superar un corazón roto en lo que consideramos una manera oportuna.

Y cuando nuestro propio corazón se rompe, seríamos más autocompasivos, nos sentiríamos menos avergonzados por nuestra angustia y estaríamos más abiertos a pedir la ayuda que necesitamos.

Sin embargo, por ahora debemos recordar que, a pesar de la falta de apoyo institucional, no estamos totalmente indefensos ante los ataques psicológicos y físicos del desamor.

Hay cosas que podemos hacer (y cosas que debemos evitar hacer) para aliviar nuestro dolor emocional, acelerar nuestra recuperación y curar las heridas emocionales y psicológicas que sufrimos. Entender qué tipo de errores debemos evitar y cómo evitar quedarnos estancados, y saber qué acciones debemos tomar y qué hábitos adoptar para sanar, significa que ya no estamos a merced del único ingrediente curativo sobre el que no tenemos control: el tiempo. Podemos ayudar a nuestros corazones a sanar y podemos ser más proactivos y solidarios para ayudar a otros corazones rotos a sanar también.

· · ·

La angustia está a nuestro alrededor. Es hora de que abramos los ojos y lo veamos, porque solo entonces podremos curarlo de verdad y seguir adelante.

Lightning Source UK Ltd.
Milton Keynes UK
UKHW020757070223
416598UK00013B/1961